아이패드로 기록하고, 그림을 그리고, 나만의 사진과 영상 간직하기

똑똑한 아이패드 활용법

안녕하세요. 상상을 그림으로 표현하는 작가 '다야'입니다.

우리에게 친숙한 동화 속 세상을 그림으로 그려보았던 아이패드 드로잉 책 「아이패드로 그리는 동화 속 세상」에 이어, 아이패드를 슬기롭게 활용할 수 있도록 안내하는 책으로 여러분을 다시 만나게 되었어요. 다시 한번 좋은 인연이 닿아 여러분과 만날 수 있어서 행복합니다. 이번 책도 잘 부탁드려요.

여러분은 평소에 아이패드를 얼마나 활용하고 계시나요? 아이패드를 구매하기 전에는 이것도 해보고, 저것도 해보면서 다양하게 활용할 생각에 모두들 설렜을 거예요. 하지만 막상 구매하고 나면 어떻게 사용해야 하는지 몰라 영상만 보고 있는 현실에 실망을 하곤 합니다. 이런 분들을 위해 어떻게 하면 내가 가진 아이패드를 적극적으로 사용하고, 보다 실용적으로 활용할 수 있을지 차근차근 알려드리려고 해요. 저는 아이패드를 사용해 주로 그림을 그리며 머릿속 상상의 세계를 표현하지만, 그 외에도 다이어리를 쓰거나 한 달 계획표를 작성하고, 좋아하는 사람과의 추억을 기록하기도 한답니다. 이번 책에서는 저의 이런 경험을 바탕으로 여러분의 아이패드 생활에 도움이 되는 작은 안내를 드리려고 해요.

지금 이 순간부터 여러분의 아이패드는 단순히 영상을 보는 기기가 아닙니다. 나의 소중한 일상을 기록하고, 추억을 저장할 수 있는 작은 친구가 될 거예요. 지금부터 저와 함께 아이패드로 다양한 추억 쌓기를 시작해볼까요?

PART 1 아이패드 생활 시작하기

PART 1에서는 아이패드를 본격적으로 사용하기 전에 나에게 맞게 세팅하는 방법에 대한 내용을 담았어요. 처음 아이패드를 사고 바로 사용하기보다는 여러분의 사용 목적에 맞게 필름, 애플펜슬 펜촉, 케이스를 고르면 보다 편리하게 사용할 수 있을 거예요. 여기에 더해 여러분의 아이패드 생활에 맞는 활용도가 높은 앱도 추천해드릴게요!

 # PART 2 아이패드로 꾸미는 나만의 다이어리

PART 2에서는 아이패드 생활에서 가장 유용하게 사용할 수 있는 굿노트 활용법에 대한 내용을 담았어요. 여러분이 아이패드를 구매하는 많은 이유 중 하나가 다이어리를 쓰기 위해서일 거예요. 나만의 다이어리 표지와 서식을 만들고, 굿노트로 다이어리를 예쁘게 꾸미는 노하우까지 소개할게요!

PART 3 아이패드로 그리는 나만의 일상

PART 3에서는 아이패드에서만 사용할 수 있는 프로크리에이트 앱으로 일상 속 다양한 그림을 그리는 방법을 담았어요. 아이패드가 다른 태블릿 PC와 구별되는 가장 큰 장점은 그림을 그리기에 최적화되어있다는 점일 거예요. 우리 일상 속 주변 사물을 관찰해서 그려보고, 다양한 주제의 그림을 그려서 앞서 배웠던 굿노트 다이어리에도 스티커로 활용할 수 있어요!

PART 4 아이패드로 나만의 사진과 영상 간직하기

PART 4에서는 아이패드로 나의 일상을 사진과 영상으로 기록하고, 간직하는 방법에 대한 내용을 담았어요. 그날의 날씨와 분위기를 사진과 영상에 담아보고, 아름답게 보정하는 방법을 배워보아요. 그리고 여러분이 찍은 영상을 요즘 트렌드에 맞게 브이로그로 편집하는 방법까지 소개할게요!

[차례]

아이패드 생활 시작하기

아이패드로 꾸미는 나만의 다이어리

PART 1

아이패드 생활
시작하기

01 | 나에게 맞는 아이패드 필름 고르기

자, 아이패드 생활을 시작하신 것을 축하드립니다. 지금부터 저와 슬기로운 아이패드 생활의 세계로 들어가 볼까요?
여러분이 아이패드를 처음 구매하면 먼저 각자의 아이패드 생활에 맞는 필름을 붙이는 게 중요해요. 필름에는 여러 종류가 있지만 대표적으로 사람들이 많이 사용하는 필름에는 크게 기본 필름, 강화유리 필름, 종이질감 필름, 지문방지(저반사) 필름이 있습니다. 제가 이 네 가지 필름의 특징을 알려드리고, 여러분의 아이패드 생활에 맞는 필름을 추천해드릴게요!

• 기본 필름

가장 저렴하면서 화질 저하가 없어 아이패드 화면의 색감이 중요한 분들에게 추천드립니다. 다만, 필름을 붙이지 않은 아이패드 액정처럼 미끈거리기 때문에 처음에 애플펜슬을 사용할 때 어색한 느낌이 들 수 있어요. 저는 그림을 그리는 사람이라 색감이 중요해서 기본 필름을 선호하는 편인데요. 미끈거리는 느낌이 처음에는 어색하지만 몇 번 사용하면 금방 익숙해질 수 있습니다.

👍 이런 분들에게 추천해요!

• 저는 필기감이 조금 떨어지더라도 색감이 또렷하게 보이는 게 중요해요.

• 저는 영상을 볼 때 화질이 떨어지지 않았으면 좋겠어요.

• 강화유리 필름

비싸고 소중한 내 아이패드, 안전하게 보호하는 게 제일 중요하다고 생각하는 분들에게 추천드립니다. 기본 필름에 비해서는 아니지만 색감을 크게 해치지 않으면서, 액정을 튼튼하게 보호해줘요. 다만, 강화유리이기 때문에 필름이 두꺼워서 아이패드 화면에 막이 있는 것 같은 느낌이 들 수 있습니다.

👍 이런 분들에게 추천해요!

• 저는 비싼 아이패드를 소중히 다룰 자신이 없어서 튼튼했으면 해요.

• 저는 그림을 그리거나 필기를 하기보다는 영상을 보는 걸 좋아해요.

• 종이질감 필름

주로 공부를 할 때 아이패드를 사용할 거라서 필기감이 중요한 분들에게 추천드립니다. 종이질감 필름이라는 이름처럼 마치 종이에 연필로 쓰는 느낌을 주기 때문에 필기감이 좋아요. 다만, 필름의 표면이 울퉁불퉁해서 영상을 볼 때 눈이 아플 수 있고, 어느 정도 사용하면 애플펜슬과 필름이 마모가 되기 때문에 교체를 해야 하는 불편한 부분이 있습니다.

👍 이런 분들에게 추천해요!

• 저는 주로 아이패드로 다이어리를 쓰기 때문에 필기감이 중요해요.

• 저는 종이에 연필로 필기할 때의 느낌이 좋아요.

• 지문방지(저반사) 필름

필기감도 중요하고, 영상을 보기에도 불편하지 않은 필름을 찾는 분들에게 추천드립니다. 종이질감 필름에 비하면 필기감은 다소 떨어지지만, 그래도 필기감이 제법 괜찮은 편이에요. 화질 저하도 크게 발생하지 않아서 여러 가지 필름의 장점과 단점을 적절히 섞은 필름이라고 할 수 있습니다.

👍 이런 분들에게 추천해요!

• 저는 필기감도 중요하고, 화질도 중요해요.

• 저는 여러 가지 필름의 장점을 적절히 섞은 필름을 원해요

각 필름마다 특징과 장단점이 달라서 어떤 필름이 좋다고 무조건 추천드릴 수는 없어요. 그래서 제일 좋은 방법은 여러분이 직접 사용해보고, 나와 잘 맞는 필름인지 아닌지 판단하는 것이 좋습니다. 일러스트레이터인 저도 그렇고, 저처럼 아이패드를 활용해서 그림을 그리는 직업을 가진 지인들을 보면 같은 일을 하고 있지만 선호하는 필름이 다 다릅니다. 저는 여러 가지 필름을 사용해봤지만, 결국 현재는 아무것도 붙이지 않은 아이패드를 사용하고 있습니다. 제 지인은 그림을 그리는 사람이지만 필기감이 중요해서 종이질감 필름을 사용하고 있고요. 사실 금전적으로 모든 필름을 다 사용해보기는 쉽지 않기 때문에 제가 알려드린 각 필름들의 장단점을 참고해서 여러분에게 맞는 필름을 구매하는 데 조금이나마 도움이 됐으면 좋겠습니다.

아이패드 필름과 더불어 나에게 맞는 애플펜슬 펜촉을 고르는 것도 중요한데요. 마찬가지로 여러 종류와 방법이 있지만 대표적으로 사람들이 많이 사용하는 펜촉에는 팁 커버, 마스킹테이프, 스카치 매직테이프, 케미꽂이가 있습니다. 제가 이 네 가지 펜촉의 특징을 알려드리고, 여러분의 아이패드 생활에 맞는 펜촉을 추천해드릴게요!

• 팁 커버

온라인에서 쉽게 구매할 수 있고, 다양한 색상이 있습니다. 그냥 애플펜슬에 끼우면 되기 때문에 굉장히 편리해요. 아무것도 끼우지 않은 상태에서 애플펜슬을 사용하는 것보다 필기감이 좋습니다. 다만, 사각사각하는 소리가 나기 때문에 도서관과 같이 조용히 해야 하는 장소에서는 사용하기가 좋지 않습니다. 또한 종이질감 필름과 호환이 되지 않을 수도 있습니다.

👍 이런 분들에게 추천해요!

• 저는 쉽게 구매할 수 있고, 다양한 색상이 있었으면 해요.

• 저는 휴대하기 좋고, 애플펜슬에 끼우고 제거하기 편했으면 좋겠어요.

• 마스킹테이프

우선 필기감이 좋습니다. 또한 마스킹테이프의 특성상 다양한 색상과 디자인을 고를 수 있고, 한 번 구매해서 오랫동안 활용이 가능해요. 다만, 테이프이기 때문에 익숙해지기 전까지는 애플펜슬에 붙이기가 어렵고, 재질이 종이라서 금방 구멍이 생깁니다.

👍 이런 분들에게 추천해요!

• 저는 필기감이 중요해요.

• 저는 저렴하게 구매하고 싶어요.

마스킹테이프를 애플펜슬에 맞게 자르기

① 원하는 색상의 마스킹테이프를 준비 하고, 사각형 모양으로 잘라줍니다.

② 손가락 끝에 올려줍니다.

③ 가운데 부분만 남겨두고, 가위 끝 을 이용해 마스킹테이프를 잘라줍 니다.

④ 마스킹테이프 가운데 부분을 애플 펜슬 펜촉 끝부분에 맞춰줍니다.

⑤ 마스킹테이프의 한 면을 펜촉에 감싸줍니다.

⑥ 옆에 한 면도 펜촉에 감싸줍니다.

⑦ 순서대로 펜촉을 감싸줍니다.

⑧ 다 감쌌다면 그대로 사용하면 됩 니다.

+ 마스킹테이프는 쉽게 해지기 때문 에 항상 마스킹테이프와 가위를 가 지고 다니면 좋아요.

• 스카치 매직테이프

필기감이 제일 뛰어나고, 케미꽂이만큼은 아니지만 글씨를 쓸 때 소음도 심하지 않은 편입니다. 다만, 마스킹테이프와 마찬가지로 자주 교체해야 하고, 테이프이기 때문에 자주 사용하면 펜촉이 끈적해지는 단점이 있습니다.

👍 이런 분들에게 추천해요!

• 저는 필기감이 중요해요.
• 저는 적당히 필기감도 있으면서 소음이 없으면 좋겠어요.

• 케미꽂이

원래 애플펜슬을 위한 제품이 아니기 때문에 펜슬의 크기에 맞게 잘라야 하는 번거로움이 있지만 가격이 저렴하고, 글씨를 쓸 때 소음이 심하지 않습니다. 그냥 바로 사용하면 살짝 소음이 날 수 있기 때문에 처음에 네일 버퍼나 사포 등으로 끝부분을 갈아주면 좋습니다.

👍 이런 분들에게 추천해요!

• 저는 저렴하게 구매하고 싶어요.
• 저는 조용한 곳에서 아이패드를 사용하고 싶어요.

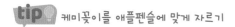

① 원하는 색상의 케미꽂이를 준비
합니다.

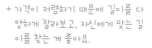

② 위, 아래로 케미꽂이를 잘라줍니
다. 이때 4~5mm 길이가 좋습
니다.

+ 가격이 저렴하기 때문에 길이를 다
양하게 잘라보고, 자신에게 맞는 길
이를 찾는 게 좋아요.

③ 애플펜슬 펜촉 부분에 끼워줍니다.

펜촉은 개인적으로 그림을 그릴 때는 크게 중요하지 않다고 생각해요. 하지만 아이패드로 주로 다이어리를 쓰고, 공부를 하면서 필기를 해야 하는 분들에게는 펜촉을 사용하는 것을 추천드립니다. 왜냐하면 아이패드의 특성상 액정이 굉장히 미끈거리기 때문에 그대로 사용하면 글씨를 잘 쓰기 힘들어요. 그래서 필름과 함께 펜촉을 사용하는 것이 좋습니다. 펜촉을 고를 때는 내가 주로 아이패드를 사용할 공간이 조용한 곳인지를 고려하고, 휴대성과 편리성을 참고해서 구매하는 게 좋습니다. 필름에 비해 펜촉은 비교적 저렴하기 때문에 다양하게 써보고 자신에게 맞는 걸 찾아가는 것도 좋아요.

아이패드는 생각보다 내구성이 약해요. 그래서 케이스를 사서 아이패드를 보호하는 게 좋습니다. 애플펜슬은 두 가지 모양으로, 애플펜슬 1세대와 2세대가 있습니다. 여러분이 가진 아이패드가 어떤 애플펜슬을 호환하는지에 따라 어떤 케이스를 고르면 좋을지가 달라집니다. 그래서 아이패드 케이스를 고를 때는 디자인을 고르기 전에 이 케이스가 어떤 기능을 가지고 있는지를 먼저 체크하고 구매하는 것이 좋아요.

• 애플펜슬 1세대 호환 아이패드

애플펜슬 1세대는 각이 없는 둥근 모양으로 굴러다니기 쉬워서 잃어버리기 좋습니다. 그래서 케이스를 고를 때 애플펜슬을 함께 보관할 수 있는 케이스인지 체크하는 것이 좋아요.

구매할 때 꼭 체크하세요!

• 애플펜슬 1세대 호환 아이패드 케이스예요.

• 아이패드와 함께 애플펜슬을 보관할 수 있어요.

• 애플펜슬이 굴러다니지 않도록 꽉 잡아줘요.

• 케이스 뒷면과 앞면 모두 보호해줘요.

• 케이스 앞면을 활용해서 아이패드를 세울 수 있어요.

• 애플펜슬 2세대 호환 아이패드

애플펜슬 2세대는 충전을 할 때 아이패드의 오른쪽에 부착을 해요. 그래서 케이스를 끼운 상태에서도 옆면에 부착이 가능한지 체크하는 것이 좋아요. 간혹 부착이 안 되는 케이스가 있기 때문에 꼭 확인해주세요.

구매할 때 꼭 체크하세요!

• 애플펜슬 2세대 호환 아이패드 케이스예요.

• 케이스를 끼운 상태에서 옆면에 애플펜슬을 부착할 수 있어요.

• 케이스 뒷면과 앞면 모두 보호해줘요.

• 케이스 앞면을 활용해서 아이패드를 세울 수 있어요.

04 | 나의 아이패드 생활에 맞는 앱 고르기

① 다이어리 & 메모 앱

• 굿노트 GoodNotes (유료)

아이패드가 있는 사람이라면 꼭 사용하는 필수 앱입니다. 필기를 할 때도 사용하지만, 다이어리를 꾸미 때 더 높은 활용도를 자랑합니다. 아이패드의 기본 앱인 키노트(Keynote)와 함께 사용하면 완성도 높은 다이어리 꾸미기를 할 수 있습니다.

• 솜노트 SomNote (무료)

자잘한 메모를 많이 하거나 다양한 주제로 기록하고, 다이어리를 쓰는 사람에게 굉장히 편리한 앱입니다. 다른 메모 앱과 달리 폴더별로 메모를 정리할 수 있고, 한눈에 보기 편한 심플한 디자인이 장점입니다.

② 그림 앱

• 어도비 포토샵 스케치 Adobe Photoshop Sketch (무료)

매우 직관적인 인터페이스로 그림 초보자들도 쉽게 사용할 수 있습니다. 그리고 어도비에서 제작한 앱인 만큼 브러시가 다양하지는 않지만 품질이 우수합니다.

• 오토데스크 스케치북 Autodesk SketchBook (무료)

무료 그림 앱 중에서 가장 완성도가 높은 앱입니다. 다만, 인터페이스가 복잡해서 그림 초보자들이 처음 사용할 때 다소 어려울 수 있어 익숙해지는 데 시간이 조금 필요합니다.

• 프로크리에이트 Procreate (유료)

유료 그림 앱 중에서 가장 인기가 많고, 완성도가 높은 앱이라고 할 수 있습니다. 아이패드로 그림을 그리는 사람들에게는 거의 필수 앱이라고 불리는데요. 인터페이스도 직관적이기 때문에 초보자들도 쉽게 사용할 수 있습니다. 다만, 숨겨진 기능들이 많고, 이런 기능들에 대한 설명이 없어서 미리 공부를 할 필요가 있습니다.

③ 사진 보정 앱

• 스냅시드 Snapseed (무료)

구글에서 개발한 전문적인 사진 편집 앱이지만, 무료로 사용이 가능합니다. 사진을 부분적으로 보정할 수 있다는 큰 장점이 있고, 초보자도 쉽게 사용할 수 있습니다.

• VSCO (유료)

유료 사진 보정 앱 중에서 가장 유명한 앱입니다. 다양한 사진 보정 기능을 제공하기 때문에 보정에 익숙하지 않은 초보자도 쉽게 사진을 보정할 수 있습니다.

④ 영상 편집 앱

• 스플라이스 Splice (무료)

조작이 간단해서 쉽게 영상 편집을 할 수 있기 때문에 초보자가 사용하기 좋습니다.

• 블로 VLLO (부분 유료)

인터페이스가 알기 쉽게 되어있어 영상을 편집하기 좋습니다. 특히 브이로그를 찍고 싶다면 다양한 트랜지션을 제공하기 때문에 아주 좋습니다. 다만, 부분 유료이기 때문에 더 다양한 기능을 이용하고 싶다면 돈을 지불해야 합니다.

• 키네마스터 KineMaster (부분 유료)

인터페이스가 알기 쉽게 되어있어 영상을 편집하기 좋습니다. 마찬가지로 다양한 트랜지션을 제공하기 때문에 보다 완성도 높은 영상을 만들 수 있습니다. 특히 영상에 자막을 넣을 때 편리합니다.

• 루마퓨전 LumaFusion (유료)

가격이 비싸지만 비싼 값을 하는 영상 편집 앱이라고 할 수 있습니다. PC로 영상 편집을 한다면 어도비 프리미어 프로를 많이 사용하지만, 아이패드로 완성도 높은 영상을 편집하고 싶다면 거의 필수 앱입니다. 다만, 어느 정도 영상 편집에 대한 전문 지식이 필요하기 때문에 초보자가 사용하기에는 무리가 있을 수 있습니다.

PART 2

아이패드로 꾸미는
나만의 다이어리

01 | 굿노트 알아보기

아이패드로 나만의 다이어리를 꾸미고 싶다면 꼭 알아야 하는 앱이 있어요. 바로 굿노트인데요. 현재 굿노트는 버전 5까지 나와 있는 유료 앱으로 처음 한 번만 결제하면 계속해서 업데이트하며 사용할 수 있어요. 굿노트로 다이어리 꾸미기를 시작하기에 앞서 간단하게 굿노트 앱을 알아보기로 해요.

• 굿노트 노트북 생성하기

굿노트 앱을 실행합니다. 왼쪽 상단의 [신규(+)] 버튼을 누르면 새로운 노트를 생성할 수 있습니다.

[신규(+)] 버튼을 누르면 다양한 양식이 나타납니다. [노트북]을 누르면 새로운 노트북을, [폴더]를 누르면 새로운 폴더를 생성할 수 있습니다. [이미지]를 누르면 내가 미리 만들어 놓은 다이어리 표지나 이미지를 불러올 수도 있습니다.

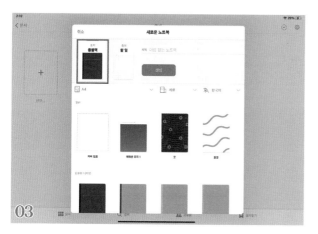

지금부터 새 노트북을 만들어보겠습니다. [노트북]을 눌러 굿노트가 제공하는 다양한 기본 표지들 중에 하나를 고릅니다.

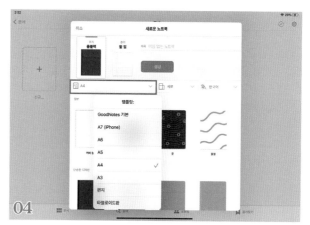

[템플릿]을 눌러 여러분이 만들고 싶은 노트북의 크기를 고릅니다. 책에서는 A4로 설정했습니다.

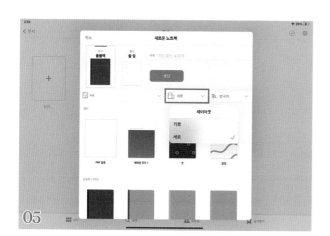

[레이아웃]을 눌러 노트북의 레이아웃을 가로로 할지 세로로 할지 고릅니다.

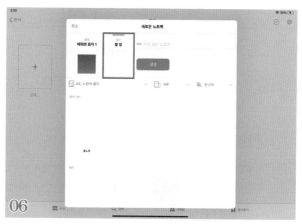

표지를 정했다면 그다음은 종이를 고를 차례입니다. 표지와 마찬가지로 굿노트가 제공하는 다양한 기본 종이들 중에 하나를 고릅니다.

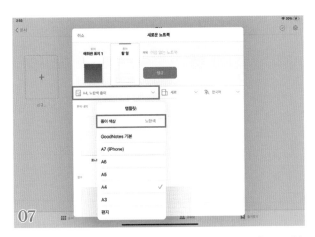

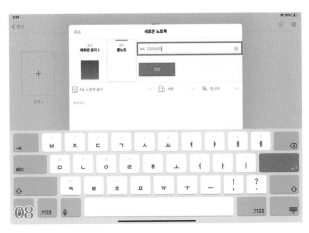

종이는 표지와 다르게 색상을 선택할 수 있습니다. [템플릿] 〉
[종이 색상]에서 원하는 색상으로 변경이 가능합니다.

표지와 종이를 골랐다면 이번에는 노트북의 제목을 작성해보
겠습니다. [제목]을 누르면 노트북의 제목을 입력할 수 있습
니다. 다 작성했다면 아래 [생성]을 눌러줍니다.

• 굿노트 아이콘 살펴보기

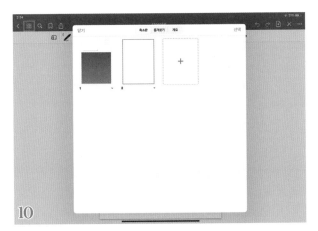

새로운 노트북이 생성됐습니다.

[페이지 모아보기] 아이콘은 내 다이어리의 표지와 구성을
한눈에 볼 수 있는 기능입니다. [+] 버튼을 눌러 새 종이를
추가할 수 있고, 이미 만든 종이를 누르면 바로 해당 페이지
로 이동도 가능합니다.

TIP 종이를 꾹 누르면 순서도 바꿀 수 있어요.

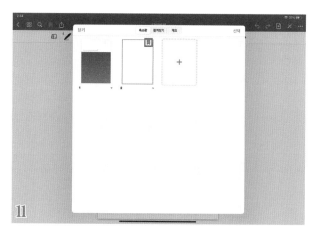

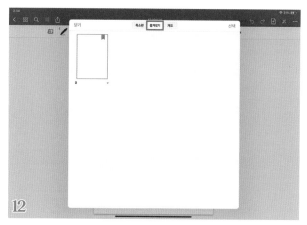

페이지 위의 책갈피 모양 아이콘을 누르면 현재 페이지를 [즐겨찾기]에 등록할 수 있습니다.

[즐겨찾기]에 등록해두면 페이지가 많아도 중요한 부분만 모아서 볼 수 있습니다. 즐겨찾기에 등록한 페이지는 [페이지 모아보기] 〉 [즐겨찾기] 탭에서 확인할 수 있습니다.

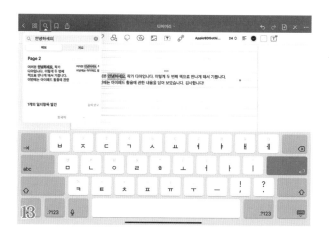

[검색] 아이콘은 텍스트로 작성한 내용 중에 원하는 단어를 검색해 찾아주는 기능을 합니다. 관련 페이지를 찾거나 단어를 수정해야할 때 유용합니다.

[공유] 아이콘은 공유 및 보내기 기능입니다. 내가 작성한 노트북을 다른 곳으로 공유하거나 보낼 수 있고, 프린트도 가능합니다.

15

[실행 취소]와 [실행 복구] 아이콘은 한 단계 전으로 되돌리거나, 반대로 한 단계 앞으로 가는 기능입니다. 방금 내가 한 작업이 마음에 들지 않을 때 이전으로 되돌리기 위해 많이 사용합니다.

16

[페이지 추가] 아이콘은 페이지를 새로 추가하는 기능입니다. 지금 내가 보고 있는 페이지의 전과 후 또는 마지막에 새로 종이를 추가합니다.

TIP [이미지]를 눌러 새로운 이미지를 추가하거나, [불러오기]를 눌러 다른 앱에서 만든 양식을 불러올 수 있어요.

17

[편집 모드–읽기 모드 전환] 아이콘은 페이지를 편집 모드에서 읽기 모드로 바꾸는 기능입니다. 이 아이콘을 누르면 볼 수만 있기 때문에, 내가 작성한 내용을 최종 확인하거나 읽을 때 사용합니다.

TIP 페이지에 링크 기능을 넣었을 때는 읽기 모드로 했을 때만 링크가 작동해요. 링크를 이용할 때는 꼭 읽기 모드로 바꾼 뒤 확인해주세요.

18

[더 보기] 아이콘을 누르면 지금 보고 있는 페이지를 기준으로 페이지를 복사, 회전, 수정, 삭제 등을 할 수 있습니다.

TIP 하단의 [학습 플래시 카드]를 누르면 단어 공부를 할 수 있는 플래시 카드 기능을 사용할 수 있어요. 이때 템플릿을 플래시 카드로 설정해야 사용이 가능해요.

19 _____

상단 메뉴바 아래에 있는 아이콘들의 쓰임에 대해 알아보겠습니다. 두 번째 줄 첫 번째 [확대창] 아이콘은 애플펜슬로 손글씨를 쓸 때 텍스트를 확대해서 보여주는 기능입니다.

20 _____

화면 하단에 노트가 확대되어 보이는데 이곳에 글씨를 쓰면 노트에 그대로 반영됩니다. 아이패드의 특성상 글씨를 작게 쓰는 게 어려우므로 이 기능을 이용하면 글씨를 또박또박 쓰기 편합니다.

21 _____

[펜] 아이콘은 펜의 종류를 바꿔주는 기능입니다. 펜의 종류는 만년필, 볼펜, 화필 이렇게 세 가지이며, 펜끝 선명도와 압력 민감도를 조정할 수 있습니다.

TIP 저는 만년필을 가장 많이 쓰는데요. 펜끝 선명도는 가장 둥그렇게, 압력 민감도는 최소로 설정해서 사용하면 안정적으로 글씨를 쓸 수 있어요.

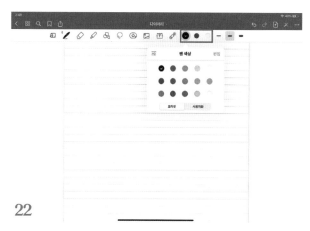

22 _____

펜의 색상을 바꾸고 싶다면 오른쪽의 [펜 색상] 아이콘을 눌러줍니다. 한 번 클릭하면 해당 색으로 펜의 색이 바뀌고, 두 번 클릭하면 프리셋 팔레트에 있는 색상에서 고를 수 있습니다.

23

[펜 색상]에서 [사용자화]를 누르면 더 다양한 색을 고를 수 있습니다.

TIP 원하는 색상의 색상값을 알고 있다면 색상값을 입력해 프리셋에 추가할 수 있어요.

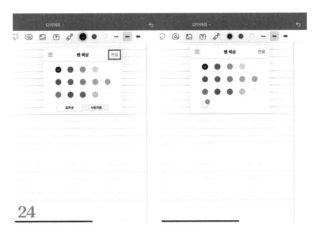

24

[편집]을 누르면 프리셋에 내가 좋아하는 색을 편집해서 나만의 팔레트를 만들 수 있습니다.

25

[펜 두께] 아이콘을 누르면 펜의 두께도 고를 수 있습니다. 색상과 마찬가지로 이미 등록되어 있는 두께를 그대로 사용해도 되고, 아이콘을 두 번 클릭해서 내가 원하는 두께로 조정하여 사용해도 됩니다.

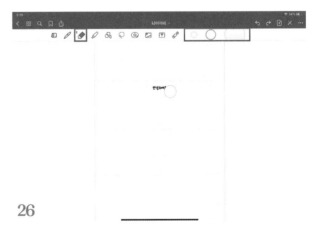

26

[지우개] 아이콘은 작업물을 지울 때 사용하는 기능입니다. 아이콘을 선택하면 오른쪽에 다양한 크기의 동그라미가 나타나는데 이것으로 지우개의 크기를 고를 수 있습니다.

27 ——————

[하이라이터] 아이콘은 형광펜 기능입니다. 형광펜이기 때문에 내가 작성한 내용 위에 투명하게 색이 들어가 텍스트를 강조할 때 사용합니다. 펜과 마찬가지로 색상과 두께를 고를 수 있습니다.

TIP 펜과 형광펜을 직선으로 긋고 싶다면, 선을 쭉 그은 상태에서 애플펜슬을 화면에서 떼지 않으면 곧은 직선으로 바뀌어요.

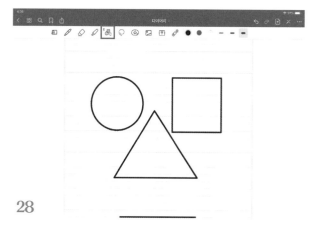

28 ——————

[모양 도구] 아이콘은 도형을 쉽게 그릴 수 있는 기능입니다. 이 아이콘이 선택된 상태에서 애플펜슬로 원, 세모, 네모를 그리면 됩니다.

TIP 도형을 그린 상태에서 애플펜슬을 화면에서 떼지 않으면 도형의 크기를 수정할 수 있어요.

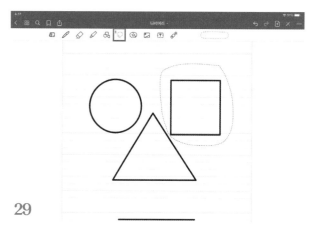

29 ——————

[올가미 도구] 아이콘은 원하는 영역을 그려서 선택하는 기능입니다.

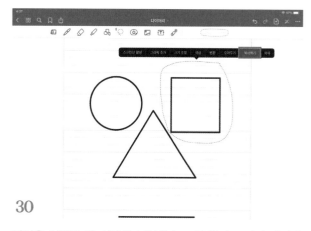

30 ——————

영역을 선택한 뒤, 선택한 부분을 누르면 창이 뜨면서 다양한 기능이 나타납니다. 일반적으로 복사 기능을 가장 많이 사용하므로 [복사하기]를 눌러 복사를 해보겠습니다.

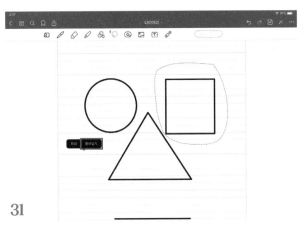

31

복사한 개체를 붙여 넣고 싶은 부분에 애플펜슬을 꾹 눌러주면, 창이 뜹니다. 여기서는 [붙여넣기]를 눌러줍니다.

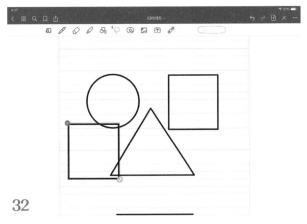

32

원하는 위치에 30번에서 [복사하기]를 눌렀던 개체와 똑같은 개체가 붙여넣기 되는 것을 확인할 수 있습니다.

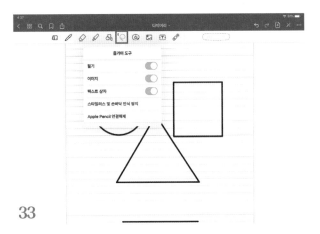

33

[올가미 도구] 아이콘을 한 번 더 클릭하면 올가미 도구의 설정을 바꿀 수 있습니다. 올가미 도구를 사용할 때 필기만 인식할지, 이미지만 인식할지, 텍스트 상자만 인식할지를 설정하여 수정할 영역을 정합니다.

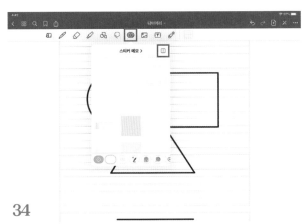

34

[스티커] 아이콘은 스티커 메모 기능입니다. 굿노트에서 기본으로 제공되는 스티커를 사용할 수 있습니다. 오른쪽 상단에 네모 모양의 아이콘을 클릭하면 스플릿 뷰로 볼 수 있습니다.

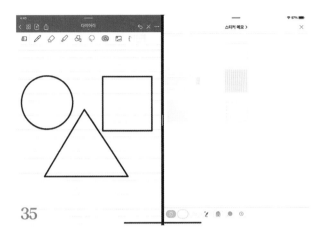

35

스플릿 뷰 기능을 사용하면 보다 넓은 화면으로 스티커 메모를 고를 수 있습니다.

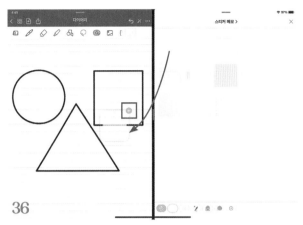

36

원하는 스티커가 있다면 오른쪽 화면에서 스티커를 꾹 누른 상태에서 왼쪽 화면으로 끌어 온 뒤 드롭합니다. 이때 초록색의 [+] 아이콘이 떠있어야 왼쪽 화면에 추가됩니다.

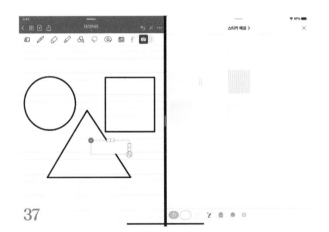

37

스티커를 왼쪽 화면으로 끌고 왔다면 원하는 크기로 수정합니다.

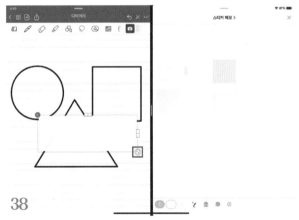

38

대각선 화살표 모양의 아이콘을 누르고 그대로 끌어당기면 스티커의 전체적인 크기를 수정할 수 있습니다.

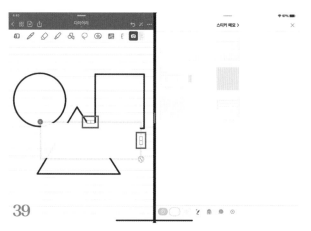

39

가로 화살표는 가로로, 세로 화살표는 세로로 스티커의 크기를 수정할 수 있습니다.

40

[사진] 아이콘은 이미지를 추가하는 기능입니다. 아이콘을 누르면 앨범에 있는 사진을 불러올 수 있습니다.

41

앨범에서 원하는 사진을 불러옵니다. 스티커와 마찬가지로 대각선 화살표 아이콘으로 원하는 대로 크기를 조정할 수 있습니다.

42

사진이 선택된 상태에서 한 번 더 선택하면 사진을 수정할 수 있습니다. [자르기]를 눌러봅니다.

43

[Rectangle]을 누르면 말 그대로 직사각형 모양으로 사진을 자를 수 있습니다.

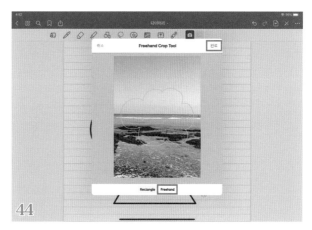

44

[Freehand]를 누르고 애플펜슬로 사진 위에 원하는 모양을 그리면 그 모양대로 사진을 자를 수 있습니다. 모양을 그렸다면 [완료]를 눌러줍니다.

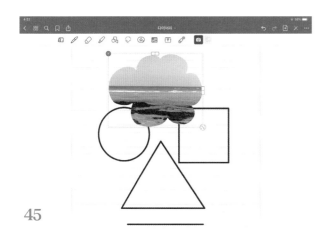

45

구름 모양으로 사진이 잘라졌습니다.

46

[텍스트] 아이콘은 텍스트를 입력하는 기능입니다. 아이콘을 누르고, 텍스트를 넣고 싶은 부분을 선택합니다.

텍스트 상자가 나타나고 커서가 깜박이면 키보드로 텍스트를
입력합니다.

48

텍스트 상자를 선택하면 서체와 글씨 크기, 정렬 등을 수정할
수 있습니다.

① 프로크리에이트로 굿노트 다이어리 표지 만들기

아이패드로 다이어리를 쓰면 매번 새 다이어리를 사지 않아도 취향에 맞게 다이어리를 바꿀 수 있어요. 여기에 나만의 다이어리 표지를 직접 만든다면 더욱 정이 가겠죠? 제가 지금부터 프로크리에이트를 활용해서 다이어리 표지를 만드는 방법을 알려드릴게요. 프로크리에이트는 유료 앱이긴하지만 사용법이 간단하고 레이어를 분리할 수 있어서 드로잉 앱 중에 활용도가 높은 편이에요. 프로크리에이트를 잘 활용하면 다이어리의 표지를 예쁘게 만들 수 있답니다. 먼저 프로크리에이트의 기본 화면부터 알아볼까요?

• 프로크리에이트 기본 화면 살펴보기

❶ 갤러리

프로크리에이트의 시작 화면으로 돌아갑니다.

❷ 동작

캔버스를 편집, 공유하고, 비디오 재생을 합니다.

❸ 조정

캔버스에 그린 그림에 효과를 넣고, 색을 보정합니다.

❹ 선택 영역

다양한 모양으로 그림의 영역을 선택합니다.

❺ 이동&변형

선택한 그림을 옮기거나 변형합니다.

❻ 브러시

원하는 모양의 브러시를 선택합니다.

❼ 스머지

색과 색을 자연스럽게 풀어줍니다.

❽ 지우개

원하는 모양의 지우개를 선택하고, 선택한 지우개 모양으로 그림을 지웁니다.

❾ 레이어

그림에 필요한 레이어를 추가, 복제, 병합, 삭제합니다.

❿ 색상&팔레트

원하는 색을 고르고, 팔레트를 만들어 저장합니다.

⑪ 브러시 크기

브러시의 크기를 작게 또는 크게 조정합니다.

⑫ 브러시 불투명도

브러시의 불투명도를 조정합니다.

⑬ 뒤로 가기

한 단계 뒤로 가서 방금 그린 그림 또는 효과를 취소합니다.

⑭ 앞으로 가기

재취소 기능으로 한 단계 앞으로 실행합니다.

01

프로크리에이트 앱을 실행합니다. 오른쪽 상단의 [+] 버튼을 누르고, [새로운 캔버스] 〉 [사용자지정 캔버스] 버튼을 누릅니다.

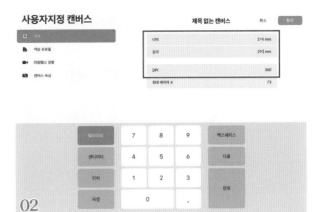

02

캔버스 단위는 밀리미터를 누르고, A4 용지 크기에 맞게 너비는 210mm, 높이는 297mm로 설정합니다. 그리고 DPI는 300으로 맞춥니다.

TIP 굿노트 표지의 크기는 여러분의 취향에 맞게 자유롭게 설정해도 좋아요.

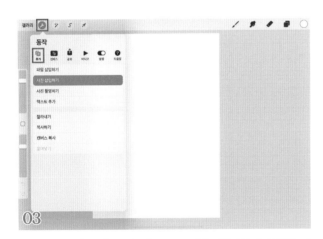

03

왼쪽 상단의 [동작] 아이콘을 누르고, [추가] 〉 [사진 삽입하기]를 누릅니다.

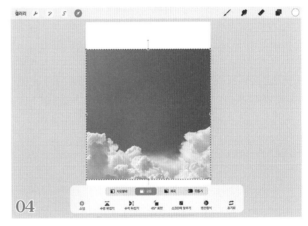

04

다이어리 표지로 만들고 싶은 사진을 불러옵니다.

TIP 사진을 예쁘게 보정해서 넣으면 더 좋겠죠? 사진을 보정하는 방법은 PART 4를 참고해주세요.

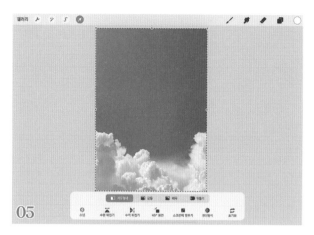

05

불러온 사진을 캔버스 크기에 맞게 조정합니다.

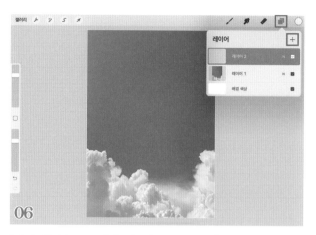

06

[레이어]를 누르고, [+] 버튼을 눌러 위에 [레이어 2]를 만듭니다.

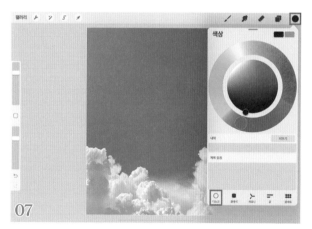

07

[색상] 〉 [디스크]에서 검은색을 선택합니다.

TIP 디스크에서 가장 아래에 있는 색을 선택하면 돼요.

08

캔버스 전체를 검은색으로 채워줍니다.

TIP 오른쪽 상단의 [색상&팔레트]를 꾹 눌러 캔버스 쪽으로 끌고 오면 전체가 해당 색으로 채워져요.

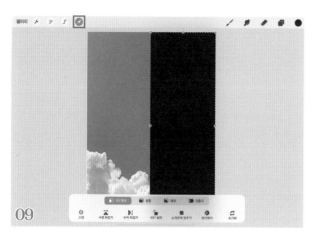

왼쪽 상단의 [이동&변형] 아이콘을 누르고, 검은색이 캔버스의 절반만 오도록 가로 길이를 조정합니다.

왼쪽 상단에 위치한 요술봉 모양의 [조정] 아이콘을 누르고, [조정] 〉 [가우시안 흐림 효과] 〉 [레이어]를 누릅니다.

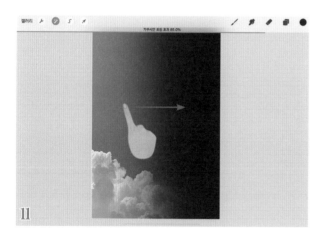

손가락 하나를 아이패드 화면에 올리고, 오른쪽으로 드래그하면 뚜렷했던 경계가 흐릿해집니다. 이렇게 가우시안 흐림 효과를 85%까지 넣어줍니다.

[이동&변형] 아이콘을 눌러 가로 길이를 좁게 조정하고, 캔버스의 왼쪽에 배치하여 책등의 입체감을 표현합니다.

13 방금 조정한 [레이어 2]를 선택하고, [M] 버튼을 누릅니다. 그 다음 불투명도는 45%, 모드는 [곱하기]를 선택합니다.

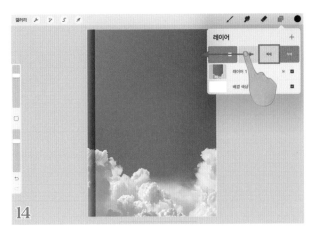

14 다시 [M] 버튼을 눌러 모드 창을 끕니다. 그다음 손가락 하나 를 [레이어 2]에 올려 왼쪽으로 드래그한 뒤, [복제]를 눌러줍 니다.

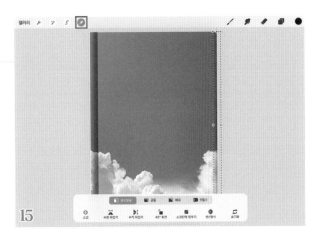

15 동일한 레이어가 만들어졌으면, [이동&변형] 아이콘을 눌러 이번에는 반대쪽에 배치합니다.

16 마찬가지로 [조정] 〉 [가우시안 흐림 효과] 〉 [레이어]를 누르 고, 이번에는 가우시안 흐림 효과를 5.5%까지만 넣어줍니다.

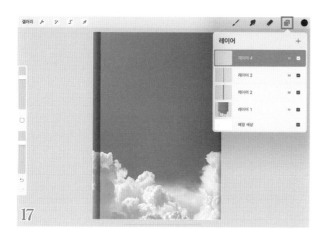

17

제일 위에 [레이어 4]를 만듭니다.

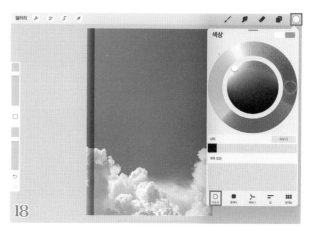

18

이번에는 반대로 [색상] 〉 [디스크]에서 흰색을 선택합니다.

TIP 디스크에서 왼쪽 제일 위에 있는 색을 선택하면 돼요.

19

검은색과 마찬가지로 캔버스 전체를 흰색으로 채워줍니다.

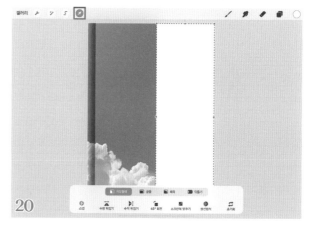

20

[이동&변형] 아이콘을 누르고, 흰색이 캔버스의 절반만 오도록 가로 길이를 조정합니다.

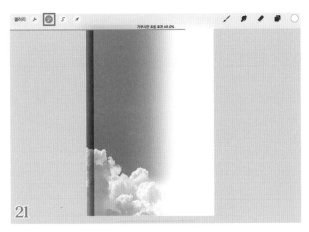

[조정] 〉 [가우시안 흐림 효과] 〉 [레이어]를 누릅니다. 그다음 가우시안 흐림 효과를 60%까지 넣어줍니다.

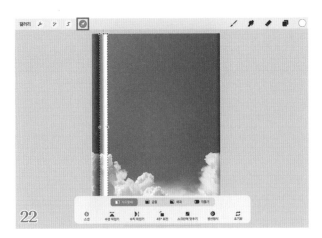

[이동&변형] 아이콘을 눌러 보기와 같이 가로 길이를 좁게 수정하고, 12번에서 만들었던 책등 옆에 흰색 레이어를 배치 합니다.

[레이어 4] 옆에 버튼을 누르고 모드 창을 켭니다. 그다음 불투명도는 50%, 모드는 [소프트 라이트]를 선택합니다.

[조정] 〉 [가우시안 흐림 효과] 〉 [레이어]를 누르고, 가우시안 흐림 효과를 이번에는 10% 넣어줍니다.

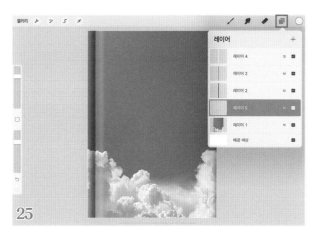

이번에는 다이어리 표지에 질감을 넣어주도록 하겠습니다. 표지 사진을 삽입했던 [레이어 1] 위에 [레이어 5]를 만듭니다.

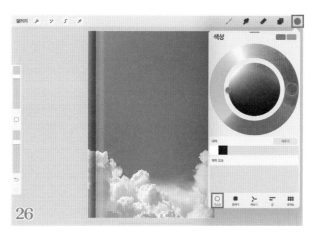

[색상] 〉 [디스크]에서 회색을 선택합니다.

TIP 디스크에서 왼쪽 제일 중간에 있는 색을 선택하면 돼요.

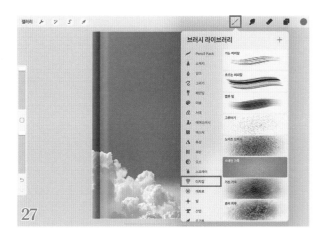

오른쪽 상단의 [브러시] 아이콘을 누릅니다. 그다음 다이어리 표지에 가죽 질감을 넣기 위해 [터치업] 〉 [오래된 가죽] 브러시를 선택합니다.

브러시 크기를 100%로 설정하고, 캔버스 전체를 꼼꼼하게 칠해줍니다.

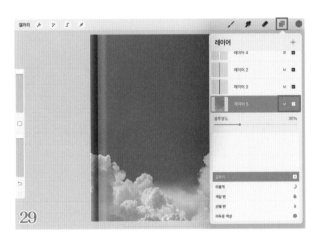

29

표지 질감을 넣은 [레이어 5] 옆에 [M] 버튼을 누릅니다. 그다음 불투명도는 30%, 모드는 [곱하기]를 선택합니다.

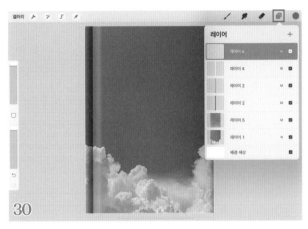

30

다이어리의 제목을 쓰기 위해 제일 위에 [레이어 6]를 만듭니다.

31 스포이드

표지 사진에서 밝은 부분의 색을 스포이드 툴로 찍어줍니다.

TIP 색을 추출하고 싶은 부분을 손가락 하나로 꾹 눌러주면 색이 추출돼요.

TIP 사진이 밝다면 어두운색을, 사진이 어둡다면 밝은색을 선택해주세요.

32

왼쪽 상단의 [선택 영역] 아이콘을 누르고, [직사각형]을 선택합니다.

33

31번에서 추출한 색으로 직사각형 안을 칠해줍니다.

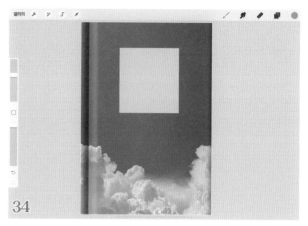

34

추출한 색을 바탕으로 사진과 어울리도록 색을 바꿔주고, 크기와 위치를 보기 좋게 수정합니다.

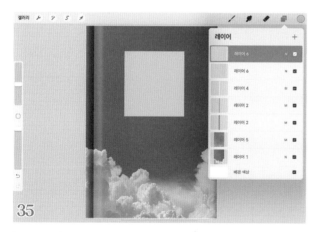

35

[레이어 6]에 손가락을 올려 왼쪽으로 드래그하면 레이어 복제를 할 수 있습니다. 레이어를 복사해서 동일한 레이어를 하나 더 만듭니다.

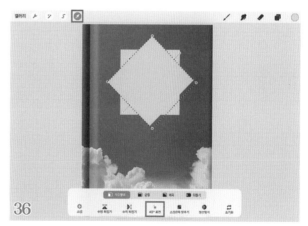

36

[이동&변형] 아이콘에서 [45° 회전]을 눌러 두 레이어가 엇갈리게 해줍니다.

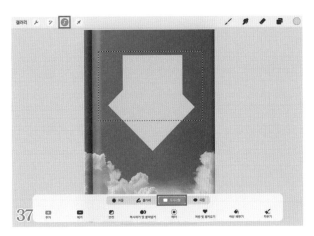

[선택 영역] 아이콘을 누르고, 앞서 만들었던 레이어와 겹치는 부분을 [직사각형]으로 영역 선택을 합니다. 그다음 34번에서 만든 사각형을 위쪽으로 이동합니다.

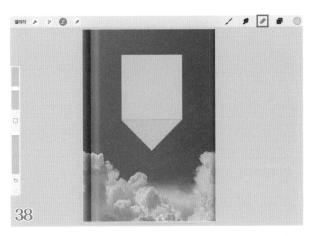

[지우개]를 사용해 양옆의 튀어나온 부분을 지워서 아래가 뾰족한 형태의 사각형을 만들어줍니다.

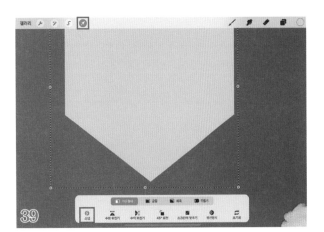

[이동&변형] 아이콘으로 두 레이어가 자연스럽게 합쳐지도록 모양과 위치를 수정합니다.

TIP 이때 [스냅] > [자석, 스냅] 설정을 꺼두면 더 섬세하게 조정할 수 있어요.

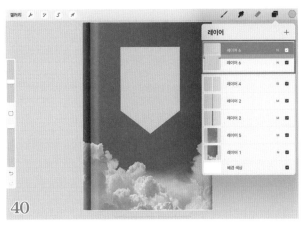

두 레이어를 하나로 합칩니다.

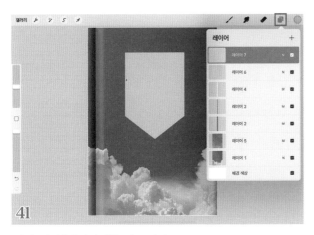

41

제일 위에 [레이어 7]을 만듭니다.

42

다이어리 제목이 들어가는 부분 근처의 색을 스포이드 툴로
선택합니다.

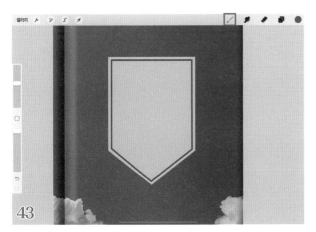

43

[브러시] 〉 [서예] 〉 [모노라인 브러시]로 도형 모양을 따라 안
쪽으로 선을 그려줍니다.

TIP 직선을 그리고 싶을 때는 선을 그은 뒤, 애플펜슬을 화면에서 떼지
않고 꾹 누르면 직선으로 선이 보정돼요.

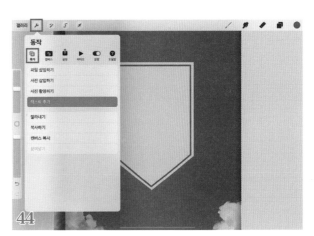

44

이제 다이어리에 제목을 써보도록 하겠습니다. [동작] 〉
[추가] 〉 [텍스트 추가]를 누릅니다.

원하는 문구를 씁니다.

커서를 더블 클릭하면 창이 하나 뜨는데 [전체 선택]을 누르고, 서체 이름을 눌러줍니다.

서체, 스타일, 디자인, 속성을 수정할 수 있는 창이 뜹니다. 원하는 디자인으로 내가 쓴 문구를 자유롭게 수정합니다.

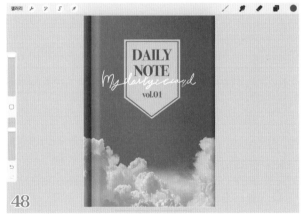

다이어리의 제목을 쓰고 표지를 취향에 맞게 추가로 꾸미면, 나만의 굿노트 다이어리 표지 완성입니다.

② 굿노트 다이어리 표지 다양하게 꾸며보기

앞서 알려드린 굿노트 다이어리 표지 만드는 방법을 응용하면 다양한 느낌의 표지를 만들 수 있어요. 다이어리 제목이 들어가는 박스의 모양, 사진, 서체, 노트의 질감 이렇게 네 가지만 바꾸어도 매달 그리고 매년 다른 느낌의 다이어리를 쓸 수 있을 거예요. 제가 만든 표지 예시를 따라 해도 좋고, 여러분의 취향에 맞게 응용해서 사용해도 좋아요.

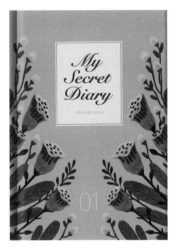

• 그림을 활용한 표지

내가 직접 그린 그림으로 다이어리 표지를 만들면 세상에 하나밖에 없는 소중한 나만의 다이어리를 만들 수 있습니다.

tip 이때 표지의 배경색은 그림에서 사용한 색상 중에 하나를 고르는 것이 자연스럽고 좋아요.

tip 그림이 전체적으로 어둡다면 배경은 밝은색으로, 전체적으로 밝다면 배경은 어두운색으로 대비되게 색을 선택해주세요.

👍 **그림 표지 만들어보기!**

• 내가 그린 그림을 삽입하기

• 그림에 쓰인 색상 중에 하나를 추출해서 캔버스 전체에 색을 채우기

• 표지 질감은 [브러시] 〉 [터치업] 〉 [오래된 가죽 브러시]로 칠하고, 레이어 불투명도는 35%, 모드는 [곱하기]로 적용하기

• 제목 서체는 Snell Roundhand, 스타일은 Bold

• 부제 서체는 Avenir Next, 스타일은 Ultra Light

• 명화를 활용한 표지

그림을 그리는 게 어렵다면 내가 좋아하는 명화를 사용해서 표지를 만들어보는 것도 좋습니다. 많이 꾸미지 않아도 명화 하나로 멋진 표지를 연출할 수 있습니다.

tip 그림을 전체적으로 채우기보다는, 예시와 같이 여백이 있게 배치하는 것이 간결하고 깔끔해 보여요.

tip 명화로 표지를 만들 때도 마찬가지로 표지의 배경색은 그림에 있는 색상 중에서 고르는 것이 자연스러워요.

👍 **명화 표지 만들어보기!**

• 내가 좋아하는 명화를 삽입하기

• 그림에 쓰인 색상 중에 하나를 추출해서 캔버스 전체에 색을 채우기

• 표지 질감은 [브러시] 〉 [레트로] 〉 [캄파냐 브러시]로 칠하고, 레이어 불투명도는 25%, 모드는 [곱하기]로 적용하기

• 제목 서체는 Avenir Next, 스타일은 Ultra Light

• 흑백 사진을 활용한 표지

평소에 사진 찍는 것을 좋아한다면 내가 찍은 사진을 활용해서 표지를 만들어보는 것도 좋습니다. 너무 화려한 것이 싫다면 가끔은 분위기 있게 흑백으로 연출해보세요.

tip 흑백 표지를 만들 때 밝고, 어둠이 분명한 사진이 더 멋스럽게 보이기 때문에 되도록 명도 차이가 강한 사진으로 선택해주세요.

👍 **흑백 사진 표지 만들어보기!**

• [조정] 〉 [변화도 맵] 〉 [변화도]를 눌러 사진을 흑백으로 만들기

• 표지 질감은 [브러시] 〉 [레트로] 〉 [캄파냐 브러시]로 칠하고, 레이어 불투명도는 35%, 모드는 [곱하기]로 적용하기

• 제목 서체는 Bodoni72 Oldstyle, 스타일은 Bold

• 부제 서체는 Avenir Next, 스타일은 Ultra Light

tip 제목 서체가 두껍다면, 부제 서체는 얇게 하는 게 좋아요.

03 | 나만의 다이어리 서식 만들기

표지와 마찬가지로 굿노트 다이어리 속지도 내가 원하는 대로 만들 수 있다는 게 아이패드 다이어리의 장점이에요. 글 쓰는 것을 좋아한다면 텍스트를 많이 작성할 수 있는 속지로, 그림을 그리거나 사진을 첨부하는 것을 좋아한다면 이미지 위주의 속지로 다이어리를 구성해볼까요?

① 키노트 설정하기

굿노트에서 사용하는 다이어리 서식은 '키노트'라는 아이패드 기본 앱을 활용해서 만들어볼 거예요. 다이어리 서식을 만들기 전에 쉽게 작성할 수 있도록 간단한 설정을 먼저 해보도록 하겠습니다.

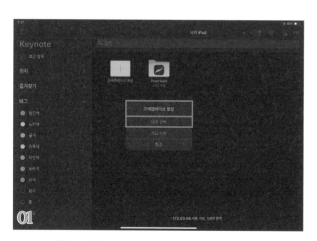

키노트 앱을 실행합니다. 그다음 [프레젠테이션 생성] 〉 [테마 선택]을 눌러줍니다.

여러 가지 테마 중에 [일반 흰색]을 선택합니다.

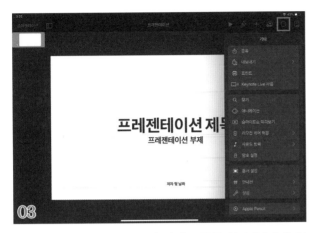

간단한 기본 설정을 바꿔주기 위해 오른쪽 상단에 [기타] 아이콘을 눌러줍니다.

[기타] 아이콘에서 [안내선]을 누르고, 세 가지 안내선이 모두 선택되어 있는지 확인합니다.

TIP 세 가지 안내선이 모두 선택되어 있어야 글자나 모양을 배치할 때 정확한 위치에 놓을 수 있어요. 꼭 체크해주세요!

[기타] 아이콘에서 [Apple Pencil]을 누르고, [선택 및 스크롤]이 선택되어 있는지 확인합니다.

TIP 선택이 되어있어야 애플펜슬로 화면을 눌렀을 때, 그림을 그리는 기능이 아닌 선택을 할 수 있는 기능이 활성화돼요.

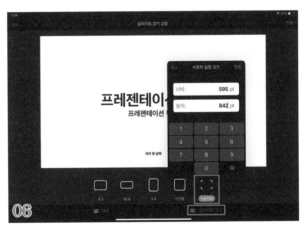

[기타] 아이콘에서 [문서 설정]을 누릅니다. 그다음 [슬라이드 크기] 〉 [사용자화]를 눌러 원하는 사이즈로 슬라이드 크기를 수정합니다.

TIP 키노트는 기본 단위가 pt이기 때문에 이에 맞게 사이즈를 설정해야 해요. 1mm=2,835pt이므로 A4 사이즈를 원한다면 595x842pt를 입력하면 돼요.

• 문서 크기 참고하기

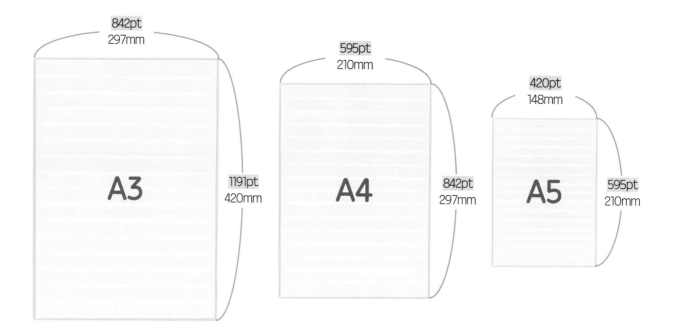

1mm = 2.835pt

tip 원하는 사이즈에 2.835를 곱해주세요.

tip 소수점으로 떨어지면 반올림해주세요.

② 다이어리 기본 속지 만들기

다이어리 서식을 만들기 위한 간단한 기본 설정을 끝냈다면, 본격적으로 키노트 앱을 사용해서 다이어리에 활용하기 좋은 기본 속지를 만들어볼게요.

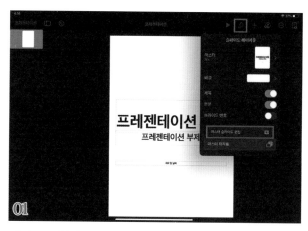

사이즈를 원하는 크기로 수정한 다음, 오른쪽 상단의 [편집 도구] 아이콘을 누르고 [마스터 슬라이드 편집]을 누릅니다.

첫 번째 슬라이드를 제외한 나머지는 모두 [삭제]를 눌러줍니다.

TIP 아이패드 키보드가 따로 있다면 백스페이스를 누르면 쉽게 삭제할 수 있어요.

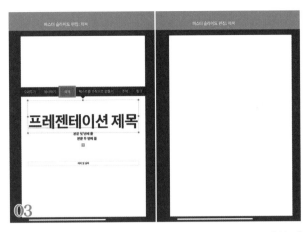

남긴 첫 번째 슬라이드에 있는 글씨를 모두 삭제하고, [완료]를 누릅니다.

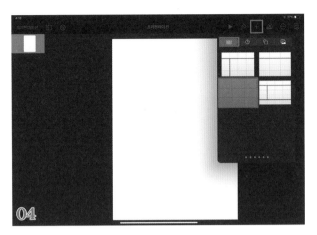

오른쪽 상단의 [+] 아이콘을 누르고, [표]를 선택합니다. 그다음 세 번째에 위치한 표를 누릅니다.

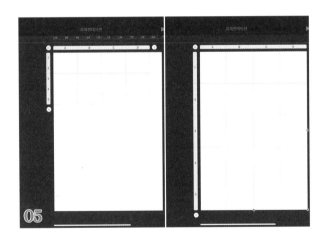

생성된 표를 슬라이드 크기에 맞게 늘려줍니다.

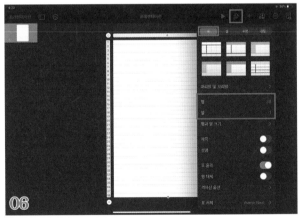

[편집 도구] 아이콘을 누르고, [표]에서 행과 열을 원하는 개수로 수정합니다. 책에서는 행 38, 열 1로 설정했습니다.

TIP 표가 선택된 상태에서만 설정을 바꿀 수 있기 때문에 표를 선택했는지 꼭 확인해주세요.

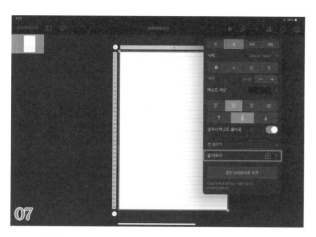

그다음 [셀]을 누르고, [셀 테두리]를 선택합니다.

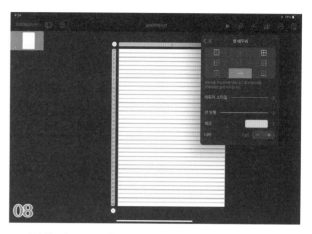

스타일을 바꾸고 싶은 셀을 선택하고 선 유형, 색상, 너비를
원하는 형태로 설정합니다.

• 모눈종이 형식

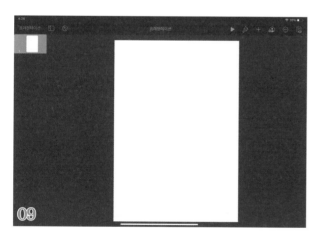

표가 줄노트 형식의 다이어리 속지로 바뀌었습니다.

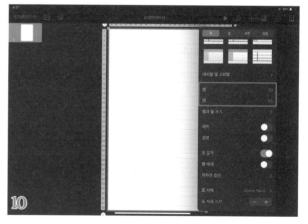

다이어리 속지를 모눈종이처럼 만들고 싶다면, 칸이 정사각
형이 되도록 6번 과정에서 열의 개수를 25로 바꿔줍니다.

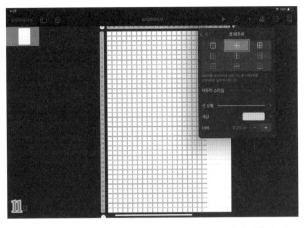

모눈종이 속지에서 선의 굵기나 색을 바꾸고 싶다면 [셀 테두리]에서 [+] 모양의 테두리를 선택하고 수정하면 됩니다.

6번 과정에서 열의 개수를 2로 바꾸면 가운데에 선이 있는 2단 분할 형식의 속지를 만들 수 있습니다.

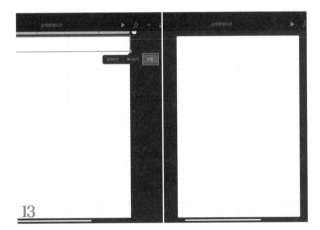

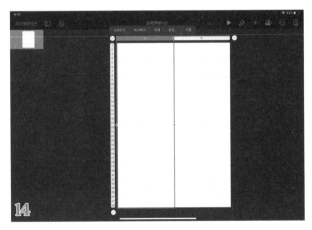

표에 있는 칸들을 병합하고 싶다면, 병합하고 싶은 칸을 선택한 뒤 [병합]을 누르면 됩니다.

중앙선을 이동해 칸의 너비를 조절할 수 있습니다. 중앙선을 왼쪽으로 옮기고 싶다면 먼저 줄이고 싶은 부분을 선택합니다.

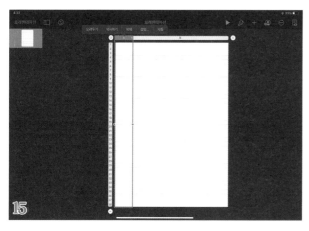

그다음 중앙선을 원하는 위치로 옮겨줍니다.

• 속지 배경색 바꾸기

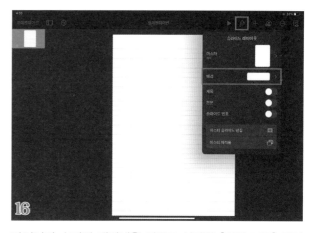

다이어리 속지의 배경색을 바꾸고 싶다면, [편집 도구] 아이콘을 누르고 [배경]을 눌러줍니다.

[프리셋], [색상], [그라디언트], [이미지] 중에 원하는 것을 눌러 배경색을 바꿀 수 있습니다.

• 다이어리 속지 내보내기

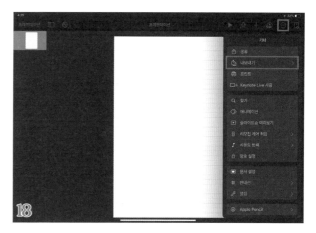

완성된 다이어리 속지를 굿노트로 보냅니다. 먼저 [기타] 〉 [내보내기]를 눌러줍니다.

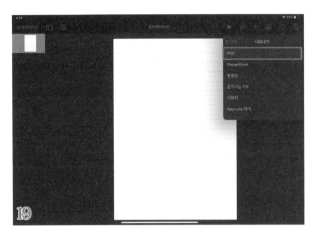

파일 형식을 PDF로 설정합니다.

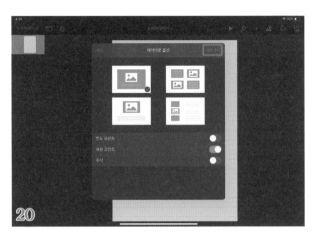

[내보내기]를 다시 눌러줍니다.

[파일에 저장]을 눌러줍니다.

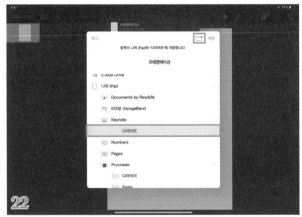

굿노트에서 내가 만든 속지를 찾기 편하도록 오른쪽 상단의
[폴더] 아이콘을 눌러 새 폴더를 만들어줍니다.

찾기 편한 이름으로 폴더의 이름을 정합니다.

폴더를 선택하고 [저장]을 눌러 방금 만든 다이어리 속지를 저장합니다.

• 굿노트에서 속지 불러오기

굿노트 앱을 실행하고, 오른쪽 상단의 톱니바퀴 모양의 [설정] 아이콘을 클릭합니다. 그다음 [노트북 템플릿]을 누릅니다.

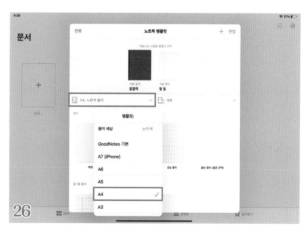

템플릿 사이즈를 키노트에서 만든 다이어리 속지 사이즈인 A4로 설정합니다.

오른쪽 상단의 [+] 버튼을 눌러 새로운 그룹을 생성합니다.

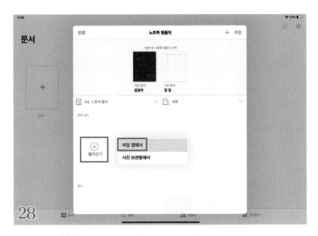

[불러오기] > [파일 앱에서]를 누릅니다.

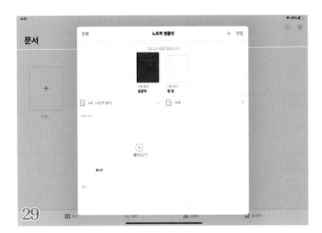

저장한 다이어리 속지를 불러오면, 키노트에서 만든 속지를
굿노트에서 사용할 수 있습니다.

• 다양한 다이어리 기본 속지 스타일 참고하기

기본 줄노트 다이어리 속지

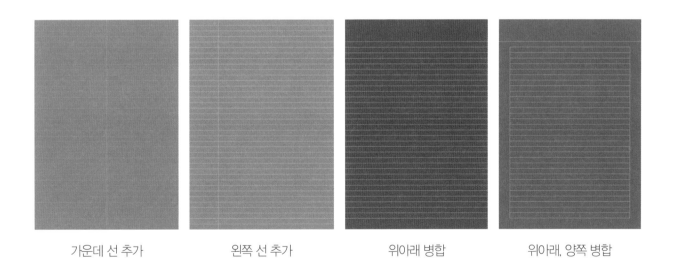

| 가운데 선 추가 | 왼쪽 선 추가 | 위아래 병합 | 위아래, 양쪽 병합 |

③ 패턴 만들어 다이어리 꾸미기

이번에는 키노트 앱에서 표 만드는 기능을 이용해 다이어리를 꾸밀 때 활용하기 좋은 패턴을 만들어볼게요.

• 모눈종이 패턴 만들기

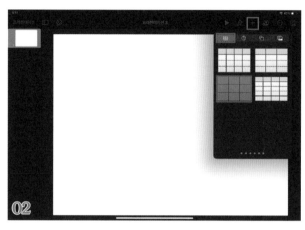

화면에 꽉 차는 다이어리를 만들어보겠습니다. [기타] 아이콘에서 [문서 설정]을 누르고, [슬라이드 크기]를 4 : 3으로 설정합니다.

TIP 4:3의 가로와 세로 사이즈는 1024×768pt에요.

오른쪽 상단의 [+] 아이콘을 누릅니다. 그다음 [표] 템플릿에서 여섯 번째 페이지의 세 번째 표를 선택합니다.

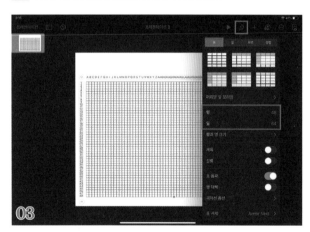

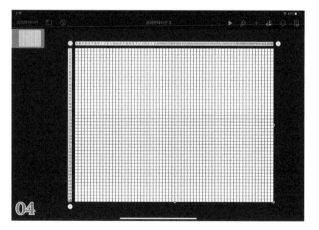

[편집 도구] 아이콘을 누르고 [표]에서 행은 48, 열은 64로 수정합니다.

TIP 표를 수정할 때는 꼭 슬라이드에서 수정하고 싶은 표를 선택한 뒤 수정해야 해요.

슬라이드 크기에 맞게 표의 크기를 조정합니다.

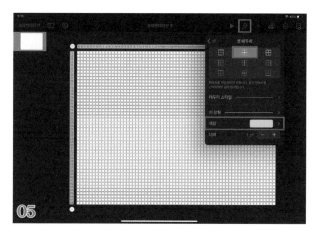

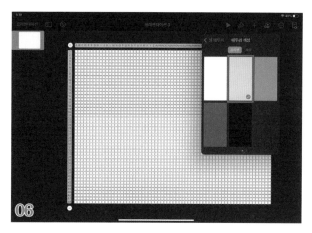

[편집 도구] 〉[셀] 〉[셀 테두리]를 누릅니다. 그다음 셀 테두리 중에서 두 번째에 위치한 십자 모양의 테두리를 누르고, 원하는 색상으로 표의 색을 바꿔줍니다.

은은한 느낌을 주고 싶다면 프리셋에서 두 번째 회색을 골라줍니다.

• 패턴 저장하기

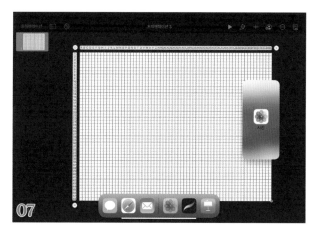

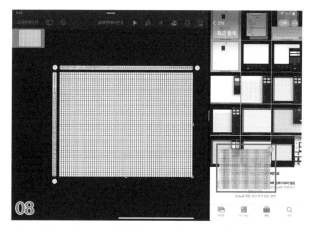

모눈종이 패턴을 [내보내기]로 저장하는 것도 좋지만, 스플릿 뷰 기능을 이용하면 더 간단하게 이미지 파일로 저장할 수 있습니다. 아이패드의 스플릿 뷰 기능을 이용해서 사진 앨범을 오른쪽에 띄워줍니다.

TIP 화면의 아랫부분을 위로 쓸어올리면 최근에 사용한 아이콘이 떠요. 그중에 화면에 띄우고 싶은 아이콘을 꾹 누른 뒤, 끌어다가 오른쪽으로 드래그 앤드 드롭하면 돼요.

내가 만든 모눈종이 패턴을 꾹 누른 뒤, 오른쪽 사진 앨범으로 끌어다가 드롭합니다.

TIP 모눈종이를 오른쪽으로 끌어다가 놓을 때, 오른쪽 상단에 초록색 [+] 모양이 떠있는지 확인해주세요.

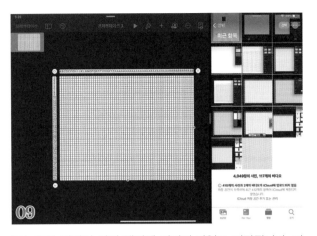

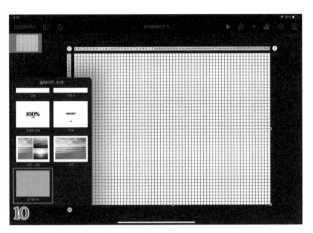

모눈종이 패턴이 사진 앨범에 이미지 파일로 저장됩니다. 저장된 이미지 파일은 필요할 때마다 자유롭게 끌어와 쓸 수 있습니다.

TIP 저장한 이미지 파일은 따로 폴더를 만들어서 보관해두면, 그때그때 패턴으로 쓰기 편해요.

이번에는 만든 이미지 패턴을 바로 굿노트 속지로 적용해보겠습니다. 화면 왼쪽 하단에 [+] 아이콘을 누르고, [빈 페이지] 슬라이드를 추가합니다.

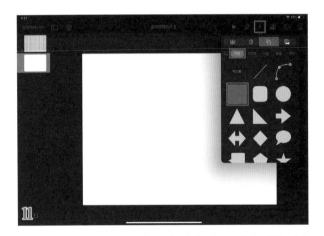

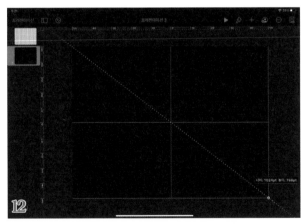

방금 만든 모눈종이 패턴을 이용해서 모눈종이 속지를 만들어 보겠습니다. [+] 아이콘 〉 [도형] 아이콘 〉 [기본] 에서 첫 번째 직사각형 도형을 선택합니다.

슬라이드 크기에 맞게 도형을 맞춥니다.

TIP 화면에 노란색 십자 모양이 떠야 정중앙에 도형이 맞춰져요.

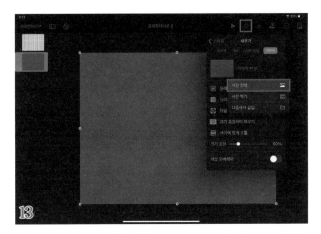

13

[편집 도구] > [스타일] > [채우기] > [이미지]에서 [사진 선택]을
누릅니다.

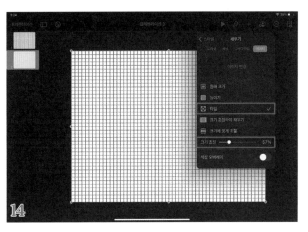

14

9번에서 저장했던 모눈종이 이미지 파일을 불러옵니다. 그다
음 [타일]을 누르고, [크기 조절]은 여러분의 마음에 드는 크기
로 수정합니다.

• 굿노트로 속지 내보내기

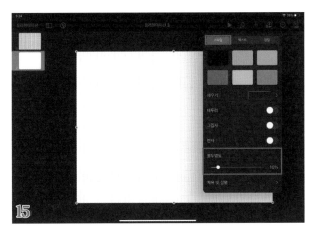

15

[스타일]로 돌아와서 모눈종이가 은은한 느낌이 나도록 불투
명도를 10%로 설정합니다.

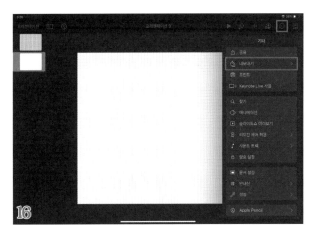

16

[기타] > [내보내기]를 누릅니다.

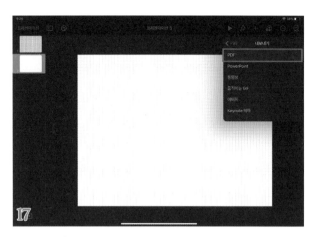

17

파일 형식은 PDF로 설정합니다.

TIP 슬라이드가 여러 개일 때는 PDF 파일로 내보내기를 해야 여러 장이
함께 저장이 돼요.

18

굿노트 아이콘을 선택하고, [공유]를 누릅니다.

• **굿노트에 적용하기**

19

굿노트에서 방금 만든 모눈종이 속지를 바로 사용할 수 있습
니다.

④ 나만의 다이어리 틀 만들기

지금까지 만든 다이어리 속지를 굿노트에서 사용하는 것도 좋지만, 나만의 다이어리 틀을 만들어 실제 종이 다이어리를 사용하는 느낌으로 연출하는 것도 좋아요. 지금부터 진짜 다이어리 같은 느낌이 나도록, 나만의 다이어리 틀을 만들어볼게요.

• 다이어리 표지 만들기(프로크리에이트)

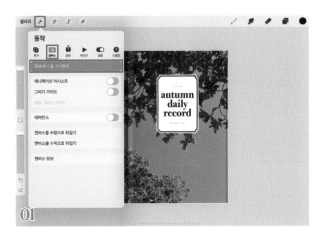

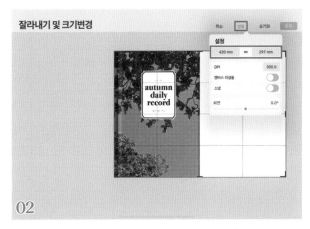

프로크리에이트 앱을 실행합니다. 앞서 만들었던 굿노트 다이어리 표지를 활용해보겠습니다. 먼저 가로로 긴 슬라이드를 만들기 위해 표지 크기를 바꿔줍니다. 프로크리에이트 앱에서 [동작] 〉 [캔버스] 〉 [잘라내기 및 크기변경]을 누릅니다.

[설정]에서 가로 길이를 두 배로 수정하고 [완료]를 누릅니다.

TIP 210×297mm에서 420×297mm로 수정해주세요.

먼저 만들었던 표지를 복사하고, [이동&변형] 〉 [수평 뒤집기]
를 이용해서 좌우 반전해줍니다.

TIP 표지에 적용했던 재질, 그림자 등을 모두 복사해서 수평 뒤집기 해주
세요.

다이어리의 표지와 뒷면이 완성됐습니다.

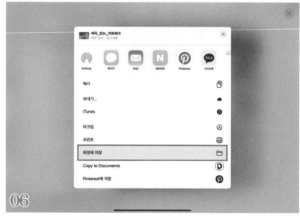

[동작] 〉 [공유] 〉 [PDF]를 눌러줍니다.

[파일에 저장]을 누릅니다.

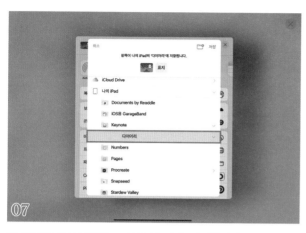

다이어리 관련 파일을 모아둔 폴더에 저장합니다.

TIP 다이어리 폴더가 없다면 자주 사용하는 곳에 다이어리 폴더를 하나 만들어주세요.

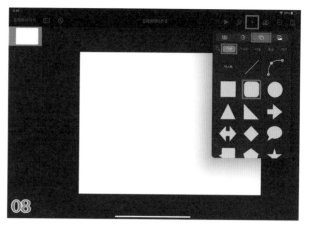

키노트 앱을 실행합니다. 그다음 [+] 아이콘 〉 [도형] 〉 [기본] 에서 둥근 모서리의 네모 도형을 선택합니다.

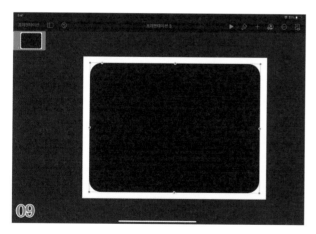

정중앙에 맞춰 가로로 긴 사각형을 만듭니다.

초록색 점을 누르면 모서리의 둥근 정도를 조절할 수 있습니다. 초록색 점을 바깥으로 끌어내 모서리를 수정합니다.

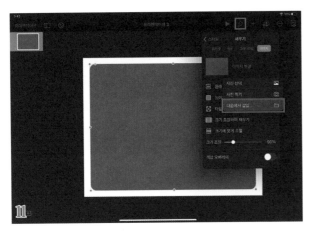

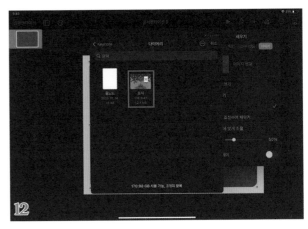

[편집 도구] 〉 [스타일] 〉 [채우기] 〉 [이미지]를 누르고, [이미지 변경]에서 [다음에서 삽입]을 누릅니다.

TIP 이미지 파일을 부를 때는 [사진 선택], PDF 파일을 부를 때는 [다음에서 삽입]을 선택해주세요.

7번 과정에서 저장한 다이어리 표지 파일을 불러옵니다.

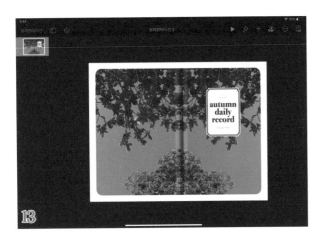

11번 과정의 도형에 다이어리 표지가 입혀집니다.

[스타일] 〉 [그림자]를 체크하고, 취향에 맞는 그림자 스타일을 골라 다이어리에 사실감을 줍니다.

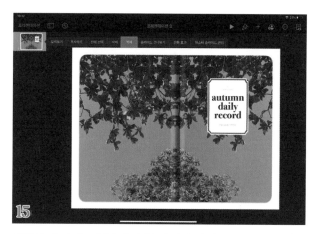

왼쪽의 슬라이드 목록에서 첫 번째 슬라이드를 클릭하고, [복제]를 눌러 슬라이드를 복제합니다.

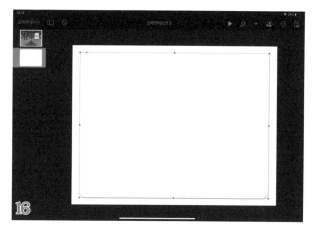

복제한 두 번째 슬라이드에서 사진을 삭제하고 여러분이 원하는 색으로 도형의 색을 변경합니다.

TIP 저는 그림자 효과를 넣어줬기 때문에 흰색으로 설정했어요.

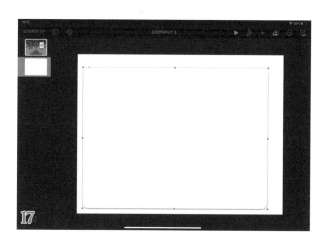

다이어리 먼슬리에 인덱스 스티커를 넣어주도록 하겠습니다. 왼쪽 아래로 도형을 옮겨 인덱스를 만들 공간을 만듭니다.

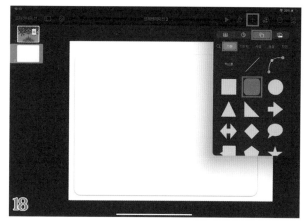

[+] 아이콘 〉 [도형] 〉 [기본]에서 둥근 모서리의 네모 도형을 선택합니다.

TIP 여러분의 취향에 맞게 각진 네모 도형을 선택해도 돼요.

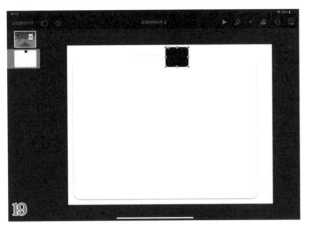

도형의 크기를 작게 수정하고, 슬라이드 위쪽에 배치합니다.

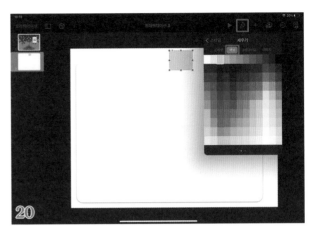

[편집 도구] 〉[스타일] 〉[채우기]를 누르고, [색상]에서 원하는 인덱스 색을 골라줍니다. 표지가 무채색이라 통일감을 주기 위해 인덱스도 무채색 계열의 색으로 해주겠습니다.

TIP 인덱스 색을 표지에 들어간 색들로 구성하면 통일감을 줄 수 있어요.

[편집 도구] 〉[정렬] 〉[앞으로/뒤로 이동]을 선택하고, 다이어리 속지 뒤로 인덱스가 오도록 수정합니다.

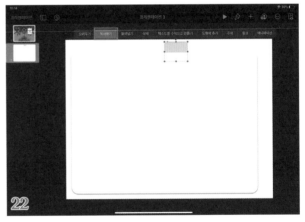

인덱스를 클릭해서 [복사하기]를 눌러줍니다.

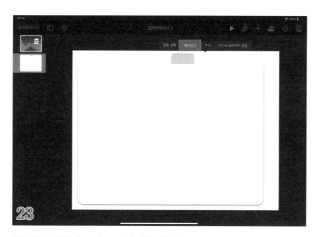

23

빈곳을 클릭하고, [붙여넣기]를 합니다.

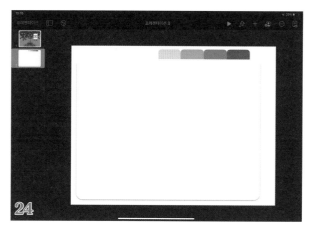

24

22번과 23번 과정을 반복해서 인덱스를 여러 개 만들어줍니다.

TIP 구분하기 편하게 인덱스를 다양한 색으로 구성해주면 좋아요.

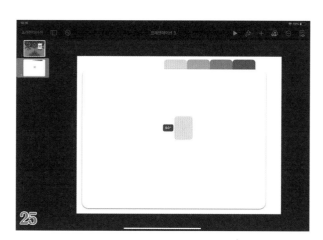

25

이번에는 [복사하기]와 [붙여넣기]를 한 인덱스를 90°로 회전시킵니다.

TIP 도형을 선택한 상태에서 손가락으로 돌려주면 회전시킬 수 있어요.

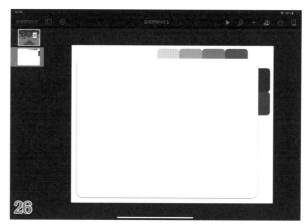

26

회전시킨 인덱스를 오른쪽 측면으로 옮기고 같은 방법으로 세로 인덱스도 몇 개 만들어줍니다.

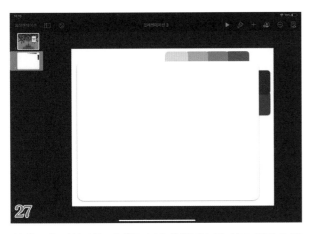

인덱스에 사실감을 더해주기 위해 인덱스를 서로 겹치게 배치해주고, 하나하나 그림자 효과를 넣어줍니다.

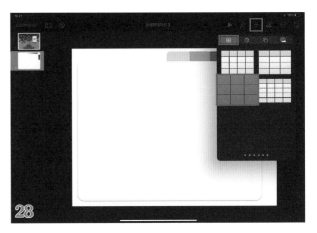

[+] 아이콘 > [표] > [점선으로 된 표]를 선택합니다.

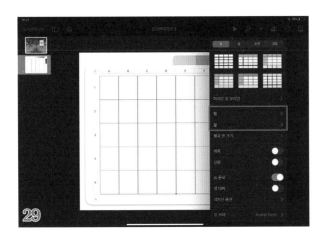

표의 행은 5, 열은 8로 설정합니다.

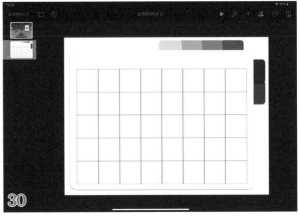

다이어리에 월과 요일을 기입해야 하므로 표를 왼쪽 아래로 이동시킵니다.

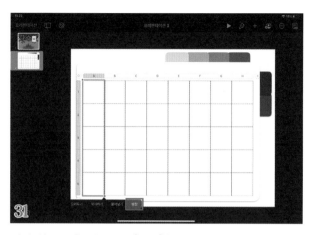

가장 왼쪽 줄을 선택하고, [병합]을 눌러줍니다.

TIP 세로줄을 선택할 때는 알파벳을, 가로줄을 선택할 때는 숫자를 눌러
주세요. 한 번에 한 줄을 모두 선택할 수 있어요.

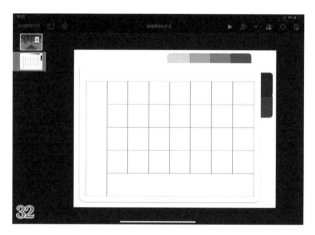

가장 아래쪽 줄도 병합을 해줍니다.

TIP 평소에 메모를 많이 하는 편이라면 이런 식으로 메모할 수 있는 빈칸
을 많이 만드는 것이 좋아요.

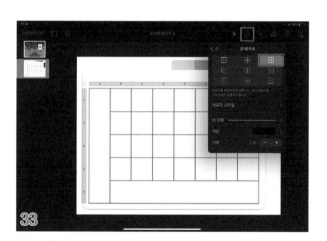

표 전체를 선택하고, [편집 도구] 〉 [셀] 〉 [셀 테두리]를 선택합
니다. 그다음 세 번째 [모든 테두리]를 누르고, 선의 색과 유형
을 여러분이 원하는 대로 변경합니다.

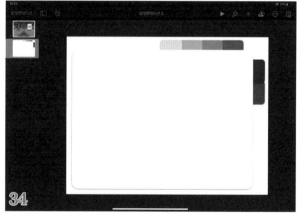

선이 연한 게 자연스러운 느낌을 주기 때문에 밝은색을 선택
했습니다.

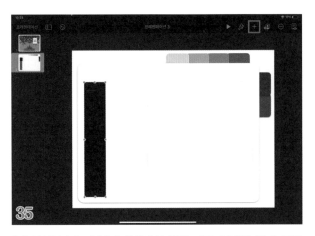

[+] 아이콘 〉 [도형] 〉 [기본]에서 왼쪽 메모 공간에 맞게 도형을 하나 만듭니다.

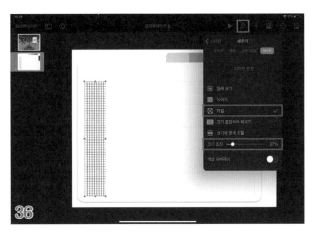

[채우기]에서 [이미지] 〉 [이미지 변경]을 누르고, 앞서 만들어놓은 모눈종이 이미지 파일을 불러옵니다. 그다음 [타일]을 체크하고, 크기를 37%로 조절합니다.

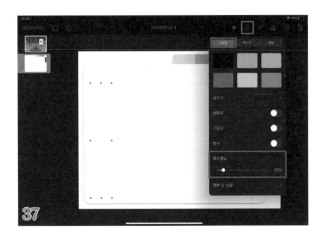

[스타일]에서 모눈종이 패턴의 불투명도를 10%로 해줍니다.

전체적인 느낌을 보고 다이어리의 선이 너무 연한 것 같다면 그때그때 자신이 보기 편하게 수정합니다.

TIP 다이어리의 선이 너무 연한 것 같아 한 단계 더 진한 색으로 수정해 줬어요.

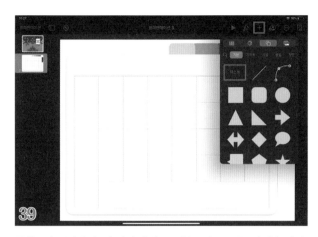

틀을 만들었다면 다이어리에 글씨를 써보도록 하겠습니다. [+] 아이콘 〉[도형] 〉[기본] 〉[텍스트]를 선택합니다.

텍스트 상자를 원하는 위치로 옮긴 뒤 다이어리에 요일을 적어줍니다.

글씨를 쓴 부분을 더블 클릭하여 드래그한 뒤, [편집 도구] 〉[텍스트]를 눌러 서체와 굵기, 크기, 색상을 수정합니다.

TIP 다이어리 표지에 사용했던 서체와 비슷한 느낌의 서체를 사용하면 통일감을 줄 수 있어요.

같은 방법으로 월요일부터 일요일까지 요일에 맞게 글씨를 써줍니다.

43

한 주를 월요일부터 시작할지, 일요일부터 시작할지는 여러 분이 편한 대로 순서를 정해줍니다.

TIP 주말은 다른 색으로 정해주면 더 보기 편해요.

44

맨 앞에 몇 월인지 적어줍니다. 그다음 가로 인덱스에는 달을, 세로 인덱스에는 위클리 외 자신이 필요한 페이지의 제목을 적어줍니다.

TIP 월은 가장 크게 써주면 한눈에 보기 좋아요.

45

왼쪽의 슬라이드 목록에서 12월까지 먼슬리 슬라이드를 여러 개 복제합니다.

TIP 저는 설명을 위해 4월까지만 만들었지만 여러분은 12월까지 복제해 만들어주세요.

46

달에 맞게 각 슬라이드를 수정합니다.

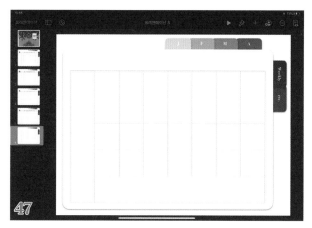

이번에는 간단하게 위클리를 만들어보도록 하겠습니다. 슬라이드 목록에서 슬라이드 하나를 복제한 뒤 텍스트는 모두 지웁니다.

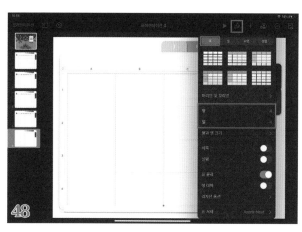

[표]를 선택하고, 행과 열을 4로 수정합니다.

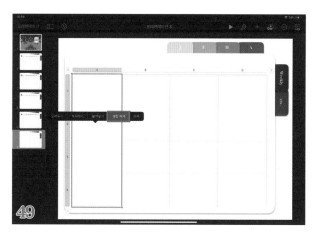

세로줄 A를 선택하고, [병합 해제]를 눌러 병합한 것을 원래대로 돌려놓습니다.

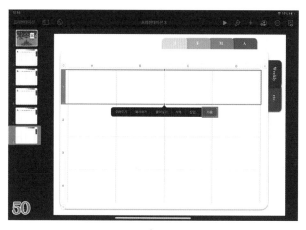

가로줄 1을 선택하고, [자동]을 눌러줍니다.

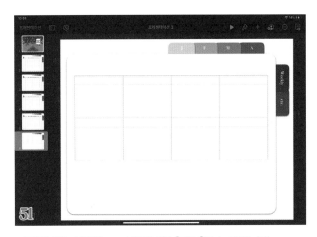

가로줄 3을 선택하고 마찬가지로 [자동]을 눌러줍니다.

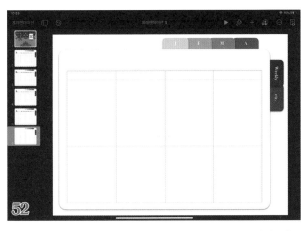

표의 크기가 작아졌으니 표를 전체 선택하고 먼슬리와 비슷한 크기로 늘려줍니다.

• 다이어리 메모장 만들기

슬라이드 목록에서 제일 아래에 새 슬라이드를 만듭니다. 그리고 표를 지워줍니다.

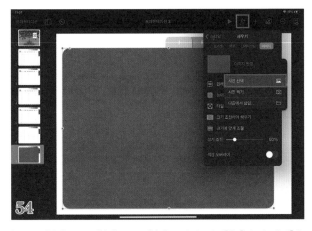

[스타일] 〉 [채우기] 〉 [이미지] 〉 [이미지 변경] 〉 [사진 선택]을 눌러줍니다.

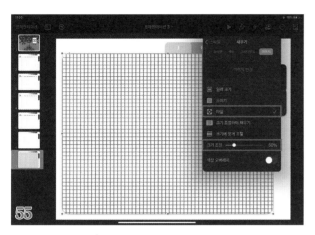

미리 만들어 놓은 모눈종이 이미지 파일을 불러옵니다. 그다음 [타일]을 체크하고, 크기를 50%로 조절합니다.

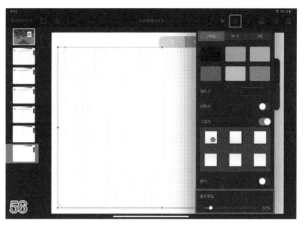

[스타일]에서 불투명도를 10%로 설정해 은은하게 해줍니다.

• 링크 활성화하기

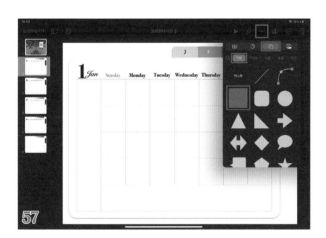

이번에는 쉽게 원하는 그 달의 슬라이드로 넘어갈 수 있도록 링크 기능을 활성화해보겠습니다. 1월 슬라이드를 누르고, [+] 아이콘 〉 [도형] 〉 [기본]에서 첫 번째 직사각형 도형을 선택합니다.

달 인덱스 하나를 덮을 만한 크기로 도형을 넣어줍니다.

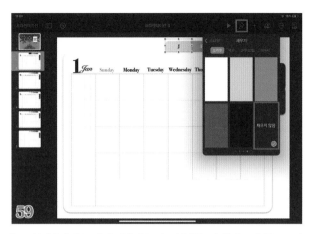

[스타일] 〉 [채우기]에서 [채우지 않음]을 선택해 도형을 투명
하게 만들어줍니다.

모든 인덱스에 투명하게 만든 도형을 복사해서 배치합니다.

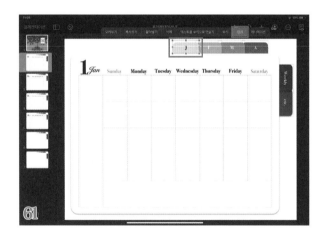

1월 인덱스 위에 있는 투명 도형을 선택하고, [링크]를 누릅
니다.

[다음 슬라이드에 링크]를 누르고, 2번 슬라이드가 1월이기 때
문에 링크를 2로 설정합니다.

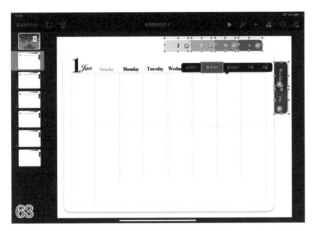

각 인덱스 위에 있는 투명 도형 모두 각자의 달에 맞는 링크로 설정합니다. 그다음 투명 도형 전체를 선택하고, [복사하기]를 눌러줍니다.

TIP 예를 들어 2월 인덱스는 3번 슬라이드로 링크를 걸고, 3월 인덱스는 4번 슬라이드로 링크를 걸어주세요.

다음 슬라이드로 가서 투명 도형을 같은 위치의 인덱스에 [붙여넣기] 합니다.

TIP 다른 슬라이드의 인덱스에도 모두 링크가 걸린 투명 도형을 넣어주세요.

• **굿노트로 다이어리 내보내기**

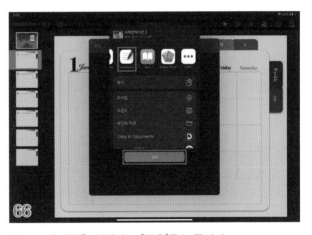

다이어리가 완성됐다면, [기타] 〉 [내보내기]를 누릅니다.

굿노트 아이콘을 선택하고, [공유]를 누릅니다.

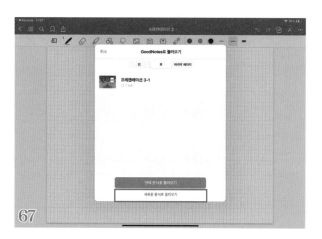

굿노트 앱이 실행됐다면 [새로운 문서로 불러오기]를 눌러줍
니다.

다이어리 폴더를 선택하고, [다이어리에 불러오기]를 누릅
니다.

그럼 여러분이 만든 다이어리 슬라이드가 모두 굿노트로 들
어옵니다.

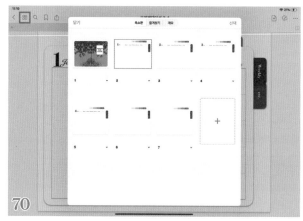

왼쪽 상단의 [페이지 모아보기] 아이콘을 눌러 다이어리 슬라
이드가 모두 잘 불러와졌는지 확인합니다.

04 | 다이어리에 넣을 간단한 그림 그리기

프로크리에이트를 사용해서 굿노트 다이어리에 넣을 간단한 그림을 그려볼 거예요. 직접 그린 그림으로 스티커를 만들면 다이어리를 꾸밀 때 바로바로 활용할 수 있어서 편리해요.

① 그날의 날씨와 감정을 표현하는 그림들

• 구름

tip 날씨 그림에 표정을 넣어주면 더 귀엽게 표현할 수 있어요.

01

달걀 모양의 원을 3/4만 그려줍니다.

TIP 원을 그린 다음 애플펜슬을 화면에서 떼지 않고 꾹 누르면, 선 보정
이 돼서 더 예쁜 구름을 그릴 수 있어요.

02

바로 옆에 반원을 그려줍니다.

03

그 옆에 작은 반원을 그려줍니다.

TIP 구름을 그릴 때는 큰 원과 작은 원을 번갈아 그려주는 게 좋아요.

04

1번에서 그렸던 원과 비슷한 크기의 원을 반대편에 그려줍니다.

05

구름의 가장 아랫부분도 반원으로 그려서 몽실몽실 구름을 완성합니다.

TIP 구름의 색은 여러분이 원하는 색으로 칠해주고, 귀여운 표정도 넣어주면 좋아요.

우중충한 날 흐릿한 날 해와 구름

눈 내리는 날 천둥 치는 날 비 내리는 날

• 해

tip 날씨 그림에 표정을 넣어주면 더 귀엽게 표현할 수 있어요.

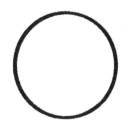

01

동그란 원을 그려줍니다.

TIP 동그라미를 그린 후 애플펜슬을 화면에서 떼지 않고 꾹 누른 뒤, 반대쪽 손으로 화면을 터치하면 정원을 그릴 수 있어요.

02

밑에 새 레이어를 추가하고 1번에서 그린 원보다 살짝 큰 원을 그려줍니다. 그다음 불투명도를 50%로 낮춥니다.

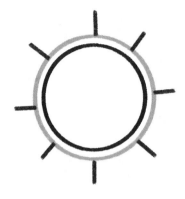

03

2번에서 그린 원에 맞게 짧은 선을 그려 햇살을 표현합니다.

04

짧은 햇살 사이사이에 긴 햇살을 표현해서 해를 완성합니다.

TIP 해의 색은 여러분이 원하는 색으로 칠해주고, 귀여운 표정도 넣어주면 좋아요.

• 다른 날의 해 그리기

햇살이 뜨거운 날

폭염 주의보

• 감정

다이어리에 그날의 감정을 표현하고 싶을 때, 간단한 글과 표정으로 기분을 표현하는 것도 좋지만 감정에 따른 색을 정해두고 활용하는 것도 좋아요. 그러면 한눈에 내가 그날 어떠한 감정을 느꼈는지, 내가 평소에 어떤 기분을 자주 느끼는지를 알 수 있어요. 나 자신에 대해 알아가는 아주 좋은 방법 중 하나랍니다.

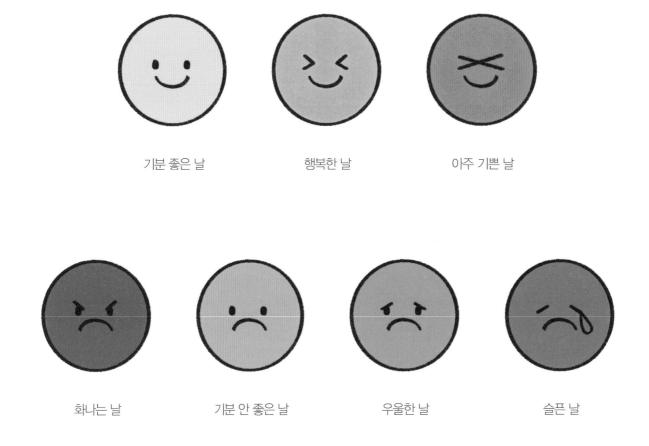

기분 좋은 날   행복한 날   아주 기쁜 날

화나는 날   기분 안 좋은 날   우울한 날   슬픈 날

tip 긍정적인 날은 노랑 계열의 따뜻하고 밝은색으로, 부정적인 날은 파랑 계열의 차갑고 어두운색으로 표현하면 그날의 감정을 한눈에 파악할 수 있답니다.

② 다꾸를 위한 간단하고 귀여운 그림들

• 리본 배너

01

01

양쪽에 선을 대칭으로 비스듬히 그려줍니다.

02

양쪽 선을 호선으로 이어줍니다.

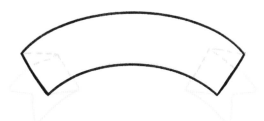

03

리본이 입체적으로 접힌 모습을 표현하기 위해 그림과 같이 점선으로 모양을 그려줍니다.

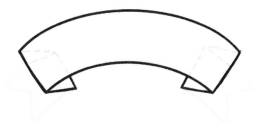

04

점선 부분을 제외하고, 리본이 안쪽으로 접힌 부분을 그려줍니다.

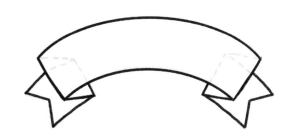

05

리본의 끝부분을 그려주면, 귀여운 리본 완성입니다.

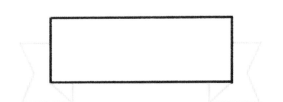

01

직사각형을 반듯하게 그려줍니다.

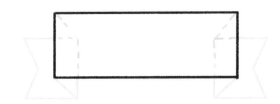

02

리본이 입체적으로 접힌 모습을 표현하기 위해 그림과 같이 점선으로 모양을 그려줍니다.

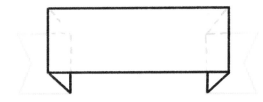

03

점선 부분을 제외하고, 리본이 안쪽으로 접힌 부분을 그려줍니다.

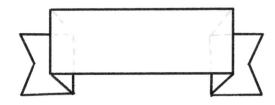

04

리본의 끝부분을 그려주면, 귀여운 리본 완성입니다.

01

양쪽에 살짝 곡선을 그려줍니다.

02

양쪽 선을 물결 모양으로 이어줍니다.

03

리본이 입체적으로 접힌 모습을 표현하기 위해 그림과 같이 점선으로 모양을 그려줍니다.

04

점선 부분을 제외하고, 리본이 안쪽으로 접힌 부분을 그려줍니다.

05

리본의 끝부분을 그려주면, 귀여운 리본 완성입니다.

01

직사각형을 반듯하게 그려줍니다.

02

똑같은 크기의 직사각형을 아래쪽에 어긋나게 그려줍니다.

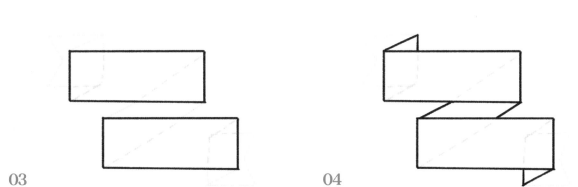

03

리본이 입체적으로 접힌 모습을 표현하기 위해 그림과 같이 점선으로 모양을 그려줍니다.

04

점선 부분을 제외하고, 리본이 안쪽으로 접힌 부분을 그려줍니다.

05

리본의 끝부분을 그려주면, 귀여운 리본 완성입니다.

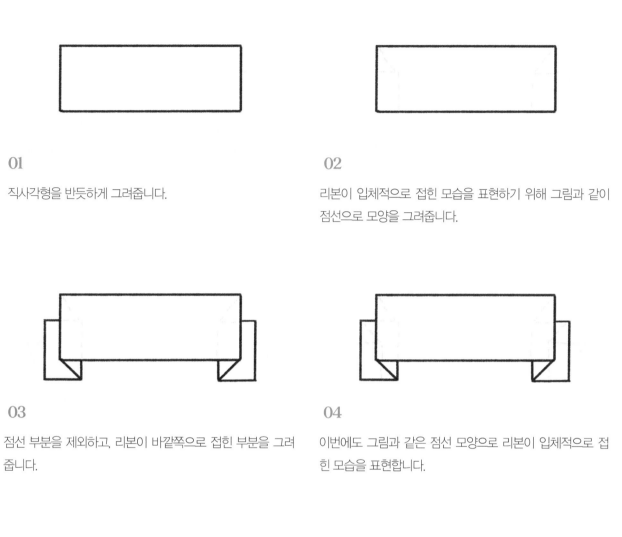

01

직사각형을 반듯하게 그려줍니다.

02

리본이 입체적으로 접힌 모습을 표현하기 위해 그림과 같이 점선으로 모양을 그려줍니다.

03

점선 부분을 제외하고, 리본이 바깥쪽으로 접힌 부분을 그려줍니다.

04

이번에도 그림과 같은 점선 모양으로 리본이 입체적으로 접힌 모습을 표현합니다.

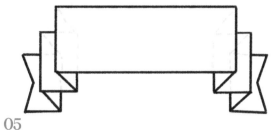

05

점선 부분을 제외하고, 리본의 끝부분을 그려주면 귀여운 리본 완성입니다.

tip 글씨를 쓰는 게 어렵다면 '텍스트 추가' 기능을 이용해서 글씨를 입력하는 것도 좋아요.

01

위쪽으로 갈수록 살짝 좁아지는 직사각형을 그려줍니다. 이
때 맨 위는 그리지 말고 뚫어줍니다.

02

양쪽이 볼록 튀어나오도록 윗부분을 그려주고, 반원을 그려
구멍 두 개를 그려줍니다.

03

홈이 오목하게 팬 것처럼 보이도록 구멍 위의 선을 지워주고,
바로 밑에 가로로 선을 그려줍니다.

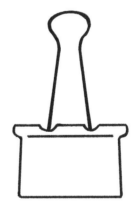

04

홈을 시작으로 점점 좁아지는 선을 그려주고, 끝부분을 둥글
게 이으면 집게 완성입니다.

01

아래쪽으로 갈수록 점점 좁아지는 직사각형을 그려줍니다.
이때 맨 아래는 그리지 말고 뚫어줍니다.

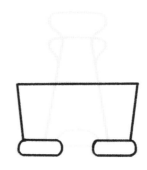

02

양쪽 아랫부분에 가로로 길쭉한 타원형을 그려줍니다.

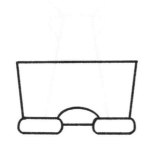

03

타원형 사이에 터널 모양을 그려줍니다.

04

위로 갈수록 점점 좁아지는 선을 그려주고, 끝부분을 납작한
동그라미로 이어 그려줍니다.

05

4번에서 그린 납작한 동그라미와 같은 모양의 동그라미를 바
로 밑에 그려 입체감을 살리면 집게 완성입니다.

01

대칭으로 그리기 편하도록 중앙선을 그려줍니다.

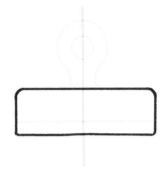

02

중앙선의 불투명도를 낮추고, 모서리가 둥근 직사각형을 그려줍니다.

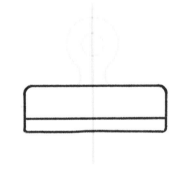

03

직사각형 아랫부분에 가로선을 그려줍니다.

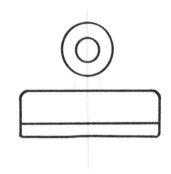

04

직사각형 위에 둥근 구멍이 뚫린 정원을 그려줍니다.

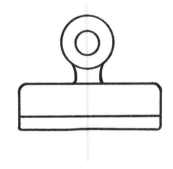

05

둥근 원과 직사각형을 곡선으로 이어줍니다.

06

필요없는 부분을 지우개로 지우면, 집게 완성입니다.

• 압정

01

대칭으로 그리기 편하도록 중앙선을 그려줍니다.

02

중앙선의 불투명도를 낮추고, 가로가 더 긴 'ㅍ' 모양을 그려줍니다.

03

위쪽은 위로 갈수록 넓어지게, 아래쪽은 아래로 갈수록 넓어지게 세로선을 그려줍니다. 이때 위쪽은 직선으로, 아래쪽은 곡선으로 그려줍니다.

04

직선으로 위아래를 막아주고, 한 줄을 더 그려 두께감을 표현합니다.

05

밑에 길고 뾰족한 삼각형을 그려 핀을 표현하면, 압정 완성입니다.

• 클립

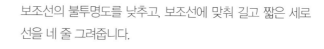

01

클립의 높이를 맞추기 위해 그림을 참고해 가로로 보조선을 네
줄 그려줍니다.

TIP 위쪽 보조선의 간격이 더 좁아야 자연스럽게 그릴 수 있어요.

02

보조선의 불투명도를 낮추고, 보조선에 맞춰 길고 짧은 세로
선을 네 줄 그려줍니다.

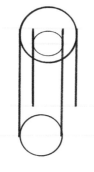

03

가로 보조선과 세로 보조선에 맞게 크고 작은 동그라미를 세
개 그려줍니다.

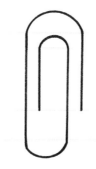

04

클립 모양을 생각하며 불필요한 부분을 지우개로 지워줍니다.

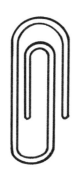

05

선에 두께감을 표현하면, 클립 완성입니다.

• 다꾸 메모지 스티커

메모지 스티커를 다운받아
다꾸에 활용해보세요!

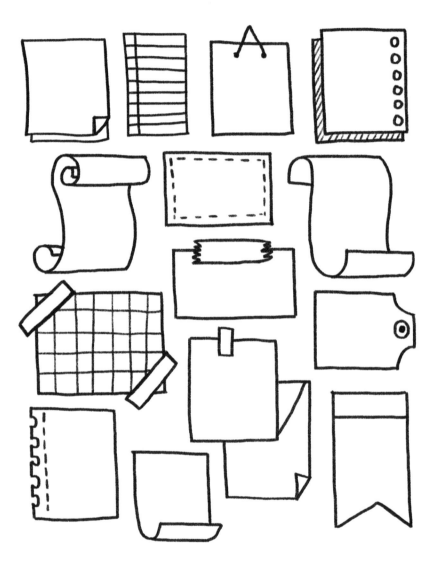

05 | 나만의 다이어리 꾸미기

지금까지 나만의 다이어리 표지와 서식을 만들고, 다이어리를 꾸밀 때 활용하기 좋은 귀여운 그림들을 그려보았어요. 지금부터는 본격적으로 여러분의 취향에 맞게 다이어리를 꾸며볼 거예요. 앞서 그려보았던 귀여운 그림들을 스티커로 활용하면 예쁘게 다이어리를 꾸밀 수 있어요.

① 키노트로 다꾸에 좋은 마스킹테이프 만들기

• 일반 마스킹테이프 만들기

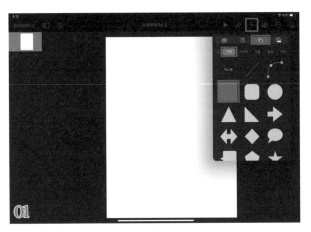

[+] 아이콘 〉 [도형] 〉 [기본]에서 첫 번째 직사각형 도형을 선택합니다.

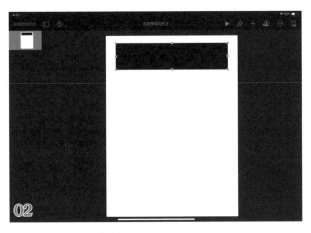

가로로 긴 직사각형을 만들어줍니다.

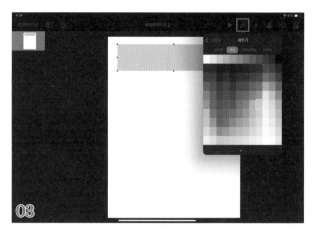

[편집 도구] 〉[스타일] 〉[채우기]에서 원하는 색상을 선택합니다.

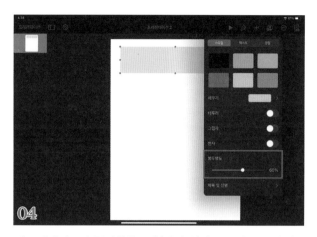

마스킹테이프의 투명함을 표현하기 위해 불투명도를 낮춰줍니다.

TIP 취향에 따라 선명한 것이 좋다면 불투명도를 100%로, 뒷면이 투명하게 비치는 것이 좋다면 불투명도를 50% 미만으로 해주세요.

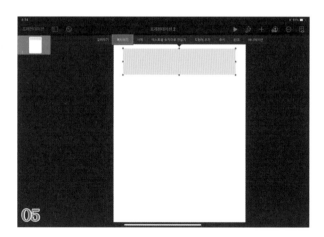

도형을 선택하고, [복사하기]를 눌러줍니다.

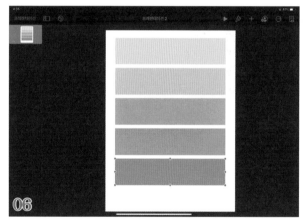

빈 공간에 [붙여넣기]를 눌러 여러 개의 마스킹테이프를 만들어줍니다. 색상은 여러분이 좋아하는 색으로 다양하게 채워줍니다.

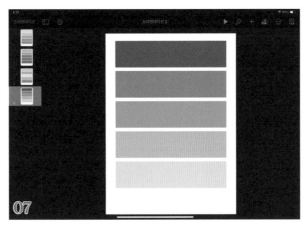

하나의 슬라이드 안에 넣을 수 있는 마스킹테이프의 양이 정해져 있기 때문에, 슬라이드를 복사해서 더 많은 색상의 마스킹테이프를 만들어줍니다.

TIP 비슷한 색상의 마스킹테이프끼리 묶어서 하나의 슬라이드에 넣어주는 것이 좋아요.

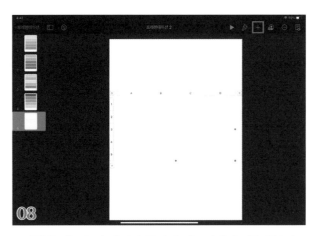

그다음은 체크무늬 패턴이 들어간 마스킹테이프를 만들어보겠습니다. [+] 아이콘 〉 [표]를 눌러 빈 화면에 표를 만들어줍니다.

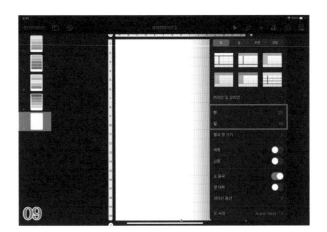

행은 20, 열은 15로 설정합니다. 그다음 슬라이드에 꽉 차도록 표를 늘려줍니다.

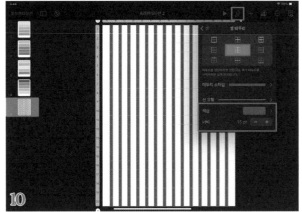

[편집 도구] 〉 [셀] 〉 [셀 테두리]를 누르고, [중앙 셀 테두리]를 선택합니다. 너비는 15pt로 하고, 색상은 원하는 색을 선택합니다.

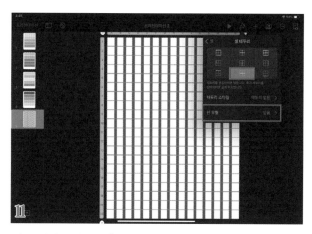

바로 아래쪽에 있는 [가로 셀 테두리]를 선택하고, 선 유형을
[없음]으로 설정해 가로선을 지워줍니다.

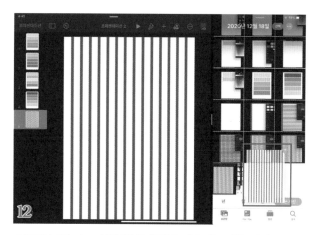

스플릿 뷰를 켜고, 사진 앨범에 방금 만든 세로선을 저장합니다.

TIP 화면의 아래쪽을 위로 쓸어올리면 최근에 사용한 아이콘이 떠요. 그
중에 화면에 띄우고 싶은 아이콘을 꾹 누른 뒤, 끌어다가 오른쪽에
드롭하면 스플릿 뷰 기능을 사용할 수 있어요.

TIP 방금 만든 세로선 이미지를 꾹 누른 상태에서 손가락을 떼지 않고 오
른쪽 화면으로 옮겨주세요. 그리고 이때 오른쪽 상단에 초록색 [+]
모양이 떠있는지 확인해주세요.

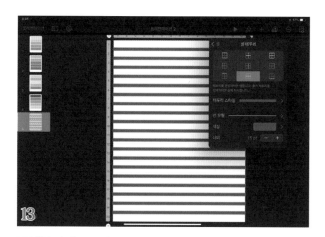

동일한 방법으로 가로선도 만들어줍니다.

TIP 가로선을 만들 때는 세로선의 선 유형을 [없음]으로 설정해주세요.

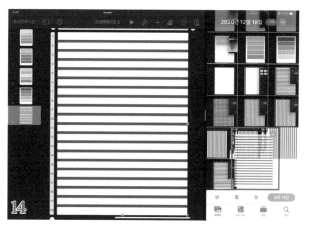

이번에도 스플릿 뷰를 켜고, 사진 앨범에 가로선을 저장합니다.

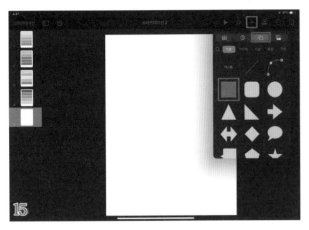

만들었던 가로선을 선택해 삭제하고, [+] 아이콘 〉 [도형] 〉
[기본]에서 첫 번째 직사각형 도형을 선택합니다.

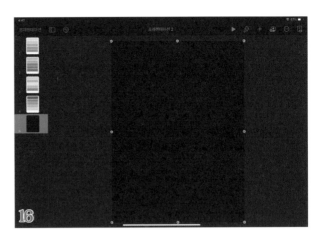

슬라이드에 꽉 차도록 도형을 늘려줍니다.

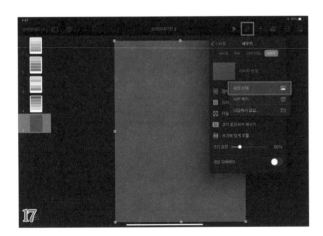

먼저 완성한 가로선과 세로선을 이 도형에 넣어줄 겁니다.
[편집 도구] 〉 [스타일] 〉 [채우기] 〉 [이미지]로 들어가 [이미지
변경] 〉 [사진 선택]을 누릅니다.

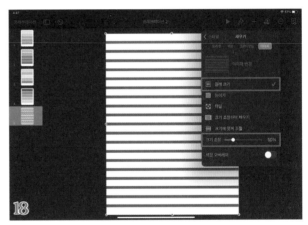

사진 앨범에 저장된 가로선 이미지를 불러옵니다. 그다음 [원
래 크기]를 선택하고, 크기는 50%로 조절합니다.

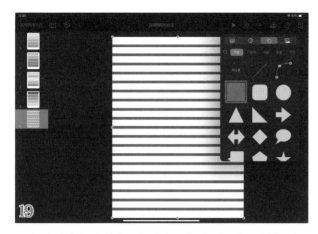

19 16번 과정처럼 이번에도 슬라이드에 꽉 차도록 도형을 만들어줍니다.

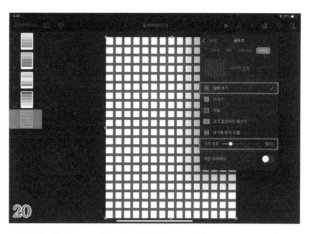

20 동일한 방법으로 세로선 이미지를 불러옵니다. 그다음 [원래 크기]를 선택하고, 크기는 50%로 조절합니다.

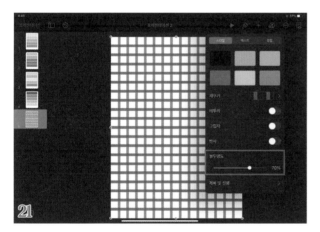

21 선이 살짝 투명해야 체크무늬 마스킹테이프의 느낌이 나기 때문에, 가로선과 세로선 모두 불투명도를 70%로 낮춰줍니다.

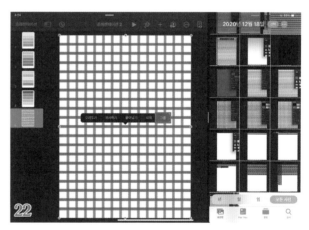

22 가로선과 세로선 이미지를 선택하고, [그룹]으로 만들어줍니다. 그다음 스플릿 뷰 기능을 다시 켜줍니다.

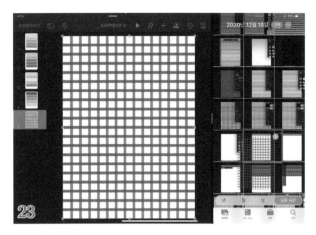

23 체크무늬 패턴을 사진 앨범에 저장합니다.

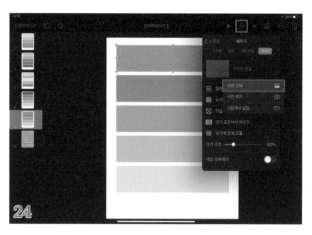

24 다시 마스킹테이프를 만들어 놓은 슬라이드로 돌아옵니다. 그다음 [채우기] 〉 [이미지] 〉 [이미지 변경] 〉 [사진 선택]을 누르고, 방금 만든 체크무늬 패턴을 불러옵니다.

• 다양한 이미지로 마스킹테이프 만들기

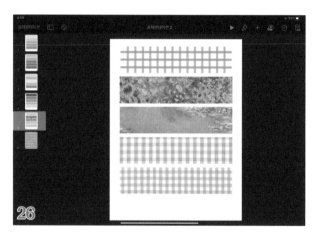

25 [원래 크기]를 선택하고, [크기 조절]은 여러분의 취향에 맞게 조절하면 체크무늬 마스킹테이프 완성입니다.

26 직접 패턴을 제작해서 마스킹테이프를 만드는 것이 번거롭다면, 구글이나 핀터레스트처럼 이미지를 다운로드할 수 있는 곳에서 원하는 이미지를 찾아 이미지 채우기로 마스킹테이프를 만드는 것도 좋습니다.

• 키노트 기본 아이콘과 도형으로 스티커 만들기

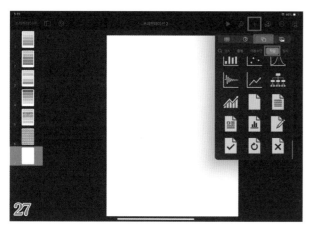

키노트에는 기본 도형뿐만 아니라, 다양한 모양의 아이콘도 있습니다.

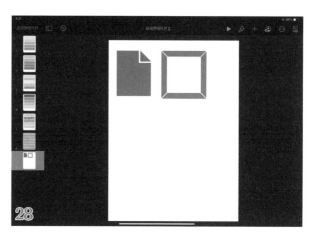

직접 그리지 않아도 다양한 모양의 아이콘으로 다꾸에 활용할 스티커를 제작할 수 있습니다.

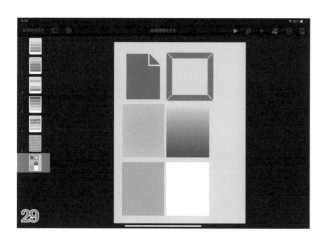

세로로 긴 직사각형 도형을 활용하면 심플하면서 활용도가 높은 메모지 스티커도 간단하게 만들 수 있습니다.

② 다양한 스티커로 나만의 다이어리 꾸미기

• 사진 활용하기

01

본격적으로 다이어리를 꾸며보도록 하겠습니다. 아직 꾸미지 않은 다이어리 서식을 굿노트에서 불러옵니다.

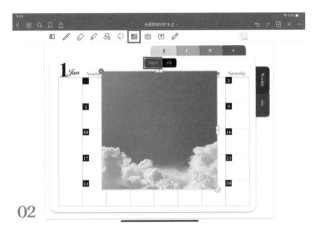

02

먼저 사진을 활용해서 다이어리를 꾸며보겠습니다. [사진] 아이콘을 눌러 다이어리에 넣고 싶은 이미지를 불러옵니다. 그 다음 이미지를 선택해 [자르기]를 눌러줍니다.

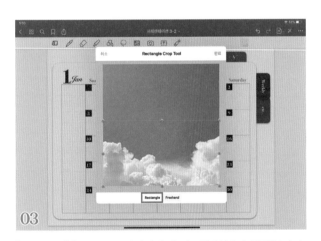

03

[Rectangle]을 누르고, 이미지에서 필요한 부분만 선택합니다.

04

다이어리의 적절한 공간에 자른 사진을 배치합니다.

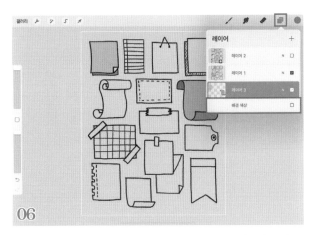

05 다양한 사진을 다이어리 곳곳에 배치합니다.

TIP 사진을 이렇게 넣어주면 그날 어떤 일이 있었는지 기억할 수 있어서 좋아요.

06 이번에는 프로크리에이트 앱에서 미리 그려놓은 메모지 스티커를 활용해서 다이어리를 꾸며보도록 하겠습니다. 사용하고 싶은 스티커를 칠해준 뒤, [배경 색상]을 보이지 않게 꺼줍니다.

TIP 스티커는 여러분의 취향에 맞게 미리 색칠해놓는 것도 좋아요.

07 프로크리에이트 앱에서 [동작] 〉 [공유]를 누르고, 파일 형식은 PNG를 선택합니다. 그다음 [이미지 저장]을 눌러 사진 앨범에 스티커를 저장합니다.

08 [사진] 아이콘을 누르고, 방금 저장한 스티커를 불러옵니다. 그다음 불러온 스티커를 선택해서 [자르기]를 눌러줍니다.

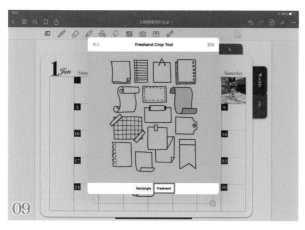

이번에는 [Freehand]를 누르고, 필요한 스티커만 선택해서 잘라줍니다.

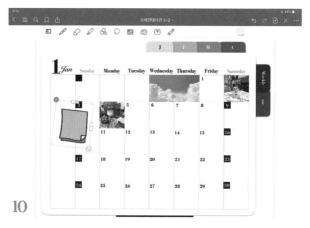

자른 메모지 스티커를 원하는 위치에 배치합니다.

• 마스킹테이프 활용하기

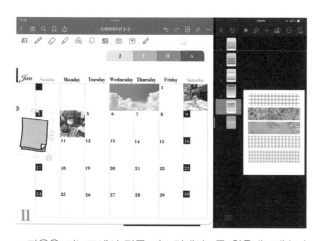

그다음은 키노트에서 만든 마스킹테이프를 활용해보겠습니다. 앞선 방법처럼 앨범에 저장한 다음에 이미지를 불러오는 방법도 있지만, 스플릿 뷰 기능을 이용해서 바로 불러오는 방법도 있습니다. 스플릿 뷰로 오른쪽에 키노트를 띄워줍니다.

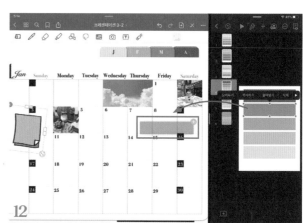

불러오고 싶은 마스킹테이프를 꾹 눌러서 굿노트 화면으로 끌어옵니다.

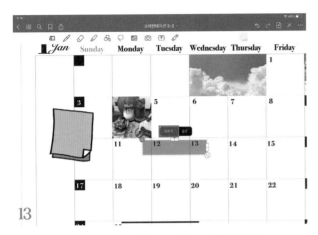

13

불러온 마스킹테이프를 선택하고, [자르기]를 누릅니다.

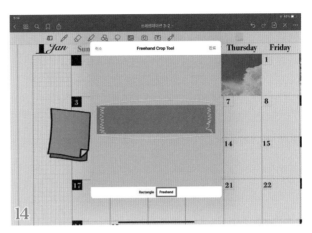

14

마스킹테이프를 그대로 사용해도 좋지만, 조금 더 사실감을 주기 위해 [Freehand]를 누르고 보기와 같이 양쪽이 찢어진 느낌으로 그려줍니다.

TIP [Freehand]로 자르기를 하면 내가 그린 모양대로 이미지가 잘려요.

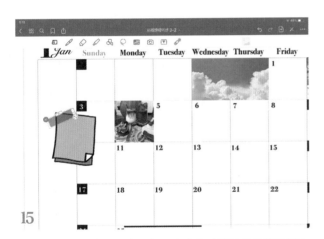

15

자른 마스킹테이프를 메모지 스티커와 겹쳐서 활용하면 좋습니다.

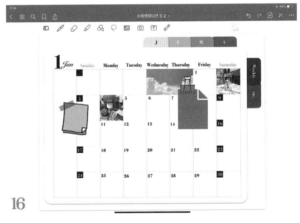

16

스플릿 뷰 기능과 자르기 기능을 이용하면 내가 만들어 놓은 스티커를 다양하게 활용할 수 있습니다.

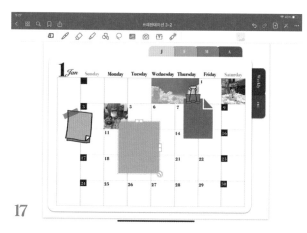

17

키노트에서 만든 메모지는 폴라로이드 사진의 느낌이 나도록 응용할 수도 있습니다. 키노트에서 만든 메모지를 스플릿 뷰 기능을 이용해서 불러옵니다.

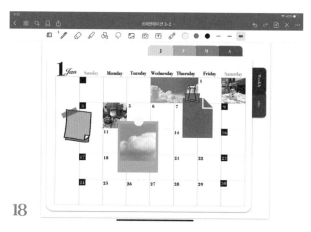

18

그 위에 사진을 불러와서 폴라로이드 사진처럼 메모지 위에 적절하게 배치합니다.

TIP 동그라미, 네모, 세모와 같은 기본 도형으로도 스티커를 만들어 놓으면 다이어리를 꾸밀 때 활용하기 좋아요.

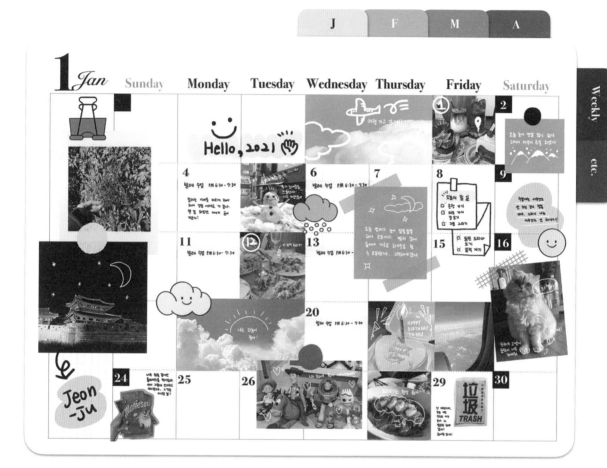

1. 기본 메모지 스티커와 사진을 활용하여 폴라로이드 사진 느낌을 낼 수 있어요.

2. 날씨 그림을 활용하여 그날의 날씨를 다이어리에 표시해 주면 좋아요.

3. 사진의 배경이 마음에 안 들거나 뭔가를 집중해서 보여주고 싶다면 [Freehand]로 사진을 잘라주는 것도 좋아요.

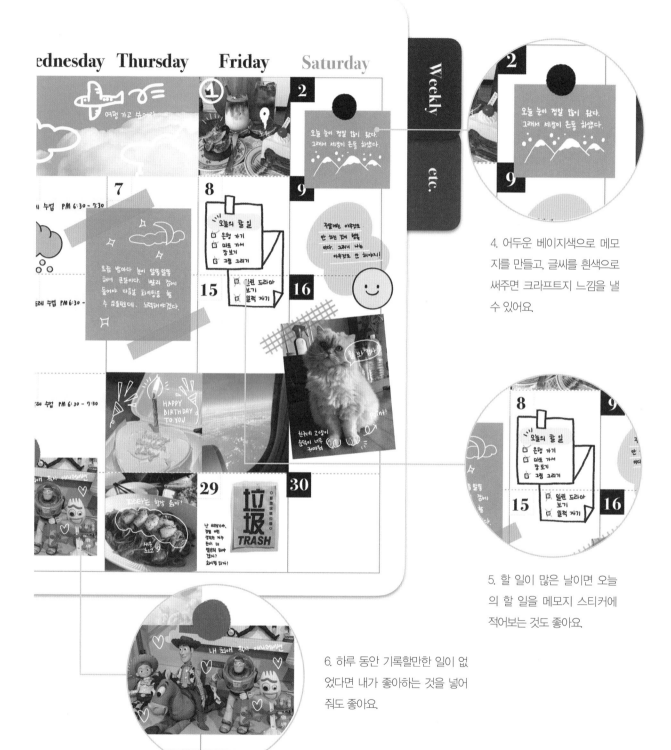

4. 어두운 베이지색으로 메모 지를 만들고, 글씨를 흰색으로 써주면 크라프트지 느낌을 낼 수 있어요.

5. 할 일이 많은 날이면 오늘 의 할 일을 메모지 스티커에 적어보는 것도 좋아요.

6. 하루 동안 기록할만한 일이 없 었다면 내가 좋아하는 것을 넣어 줘도 좋아요.

PART 3

아이패드로 그리는
나만의 일상

01 | 아이패드로 그리는 일상 속 그림

① 아이패드로 주변 사물 그려보기

우리 주변에서 쉽게 볼 수 있는 사물을 단순화해서 귀여운 그림을 그려보려고 해요. 그림을 그릴 때 내 머릿속에 있는 이미지만을 이용해서 그려도 되지만, 사진을 참고하거나 실제 사물을 바탕으로 그림을 그리면 더 완성도 높은 그림을 그릴 수 있어요.

주변에서 쉽게 볼 수 있는 사물

실제 사물을 그림으로 그려보기

실제 사물을 보고 그릴 때는 그 사물을 상세하게 묘사하기 보다는 그 사물의 특징만을 표현해서 그리는 것이 좋아요. 아이패드의 '프로크리에이트'라는 앱을 활용해서 어떻게 그림을 그려야 하는지 그 방법과 기본적인 기능을 함께 알아보도록 할게요.

 스케치

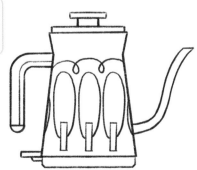

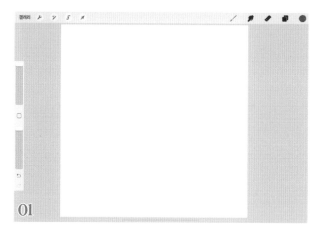

01

프로크리에이트 앱을 실행합니다. 그다음 스케치를 하기에 앞서 정중앙에 세로로 직선을 그려줍니다.

TIP 대칭인 사물을 그릴 때는 이렇게 중심선을 그려주는 것이 좋아요. 그래야 더 쉽게 대칭으로 그릴 수 있어요.

TIP 124쪽의 스케치 파일을 다운받아 바로 채색부터 시작해도 좋아요.

02

오른쪽 상단에 [브러시] 아이콘을 클릭하고, [스케치] 〉 [6B 연필] 브러시를 선택합니다.

TIP 앞으로 스케치, 채색, 그림 묘사를 할 때는 모두 [6B 연필] 브러시를 사용할 거예요.

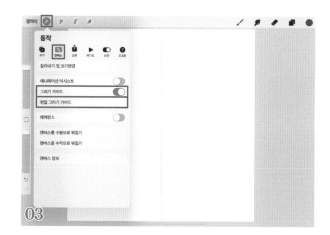

03

프로크리에이트에 있는 [그리기 가이드] 기능을 활용하면 더 쉽게 대칭 그림을 그릴 수 있습니다. 왼쪽 상단에 [동작] 아이콘을 클릭해서 [캔버스] 〉 [그리기 가이드]를 켜주고, [편집 그리기 가이드]를 선택합니다.

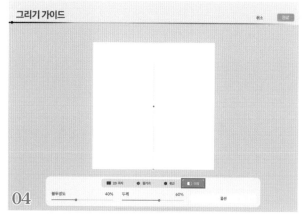

04

[그리기 가이드]에서 네 번째에 있는 [대칭]을 선택합니다.

TIP 가운데 대칭선의 불투명도와 선의 두께를 조절할 수 있어요.

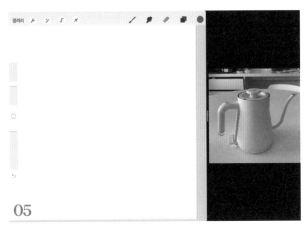

05

실제 사물을 보고 그리는 것이 아닌 사진을 보고 그릴 때는 아이패드의 스플릿 뷰 기능을 이용해서 그려줍니다.

TIP 화면 아래쪽을 위로 쓸어올려 독바(Dock Bar)에 있는 아이콘을 끌 어와 오른쪽에 배치하면 스플릿 뷰 기능이 활성화돼요.

06

[그리기 가이드]가 켜진 상태에서 주전자의 몸체 부분을 그려 줍니다.

07

대칭인 주전자의 몸체 부분을 다 그렸다면 [그리기 가이드]를 비활성화하고, 주전자의 나머지 부분을 그려줍니다.

TIP 실제 사물을 그릴 때는 그 사물의 디테일을 그대로 그리기보다는 특 징이 되는 큰 부분만 따라 그리는 것이 좋아요. 최대한 단순하게 그 려주세요.

TIP 그림을 단순하게 그리는 것이 좋기 때문에 웬만하면 정면으로 그리 는 것이 좋아요.

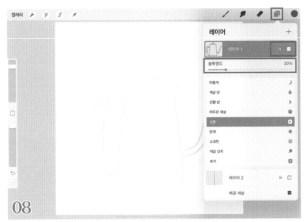

08

오른쪽 상단에 [레이어] 아이콘을 누르고, [N] 버튼을 체크해 서 스케치한 레이어의 불투명도를 20%로 낮춰줍니다.

TIP 채색을 했을 때 색감이 잘 보이도록 스케치 선을 연하게 만드는 것이 좋아요.

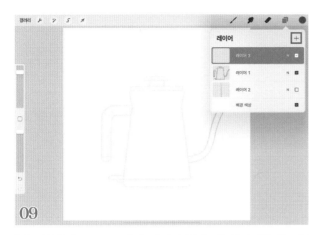

09 [+] 버튼을 누르고, 스케치 레이어 위에 새 레이어를 추가합니다.

10 여러분이 원하는 색(#ffe260)으로 주전자의 몸체 부분을 칠해줍니다.

TIP 실제 사물의 색을 그대로 적용해서 색칠해도 되지만, 사물에 무늬가 없고 단순하다면 다양한 색을 사용하는 것도 좋아요.

11 이번에는 색을 칠한 면에 명암을 넣어주도록 하겠습니다. [브러시] 아이콘을 클릭하고, [페인팅] 〉 [니코 룰] 브러시를 선택합니다.

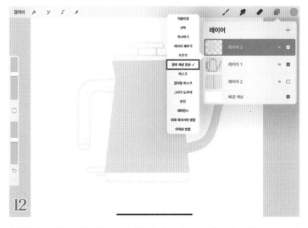

12 색을 칠한 면에만 명암이 들어가야 하기 때문에 레이어를 더블 클릭하고, [알파 채널 잠금]을 체크합니다.

13

주전자 몸체를 칠했던 색보다 어두운색을 선택해서 명암을 군데군데 자연스럽게 넣어줍니다.

TIP [니코 룰] 브러시를 사용할 때는 손에 힘을 많이 뺀 상태에서 살살 사용해야 자연스러운 명암 표현이 가능해요.

TIP 필압을 조절하는 게 어렵다면 왼쪽 하단에 불투명도 바를 밑으로 조절해서 사용해도 돼요.

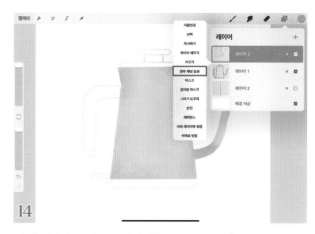

14

다시 레이어를 더블 클릭해서 [알파 채널 잠금]을 해제합니다.

15

13번에서 명암을 넣은 색과 같은 색으로 [6B 연필] 브러시를 사용해 주전자의 외곽선을 그려줍니다. 그다음 주전자의 윗부분에 가는 선으로 묘사도 넣어줍니다.

TIP 가는 선으로 묘사를 넣어줄 때는 사물의 기울기와 형태에 맞게 해줘야 자연스러워요.

16

밑에 새 레이어를 추가합니다. 그다음 15번과 같은 색으로 주전자의 바닥과 뚜껑을 그려줍니다.

TIP 그림에서 색이 다르면 레이어를 추가해주는 것이 좋아요. 그래야 그림을 수정하기 편해요.

17

레이어를 더블 클릭해서 [알파 채널 잠금]을 체크하고, 조금 더 어두운색으로 주전자의 바닥과 뚜껑에 명암을 넣어줍니다.

18

다시 [알파 채널 잠금]을 해제하고, 17번과 같은 색으로 외곽 선을 그려줍니다. 그다음 주전자 몸체 부분의 선을 더욱 강조합니다.

TIP 선을 강조하면 그림의 형태가 더욱 또렷해 보여요.

19

더 어두운색을 선택해서 주전자 뚜껑과 바닥의 선을 더욱 강조합니다.

20

주전자 뚜껑과 주전자 몸체 레이어 중간에 새 레이어를 추가합니다. 그다음 아주 어두운색으로 주전자 손잡이와 나머지 부분을 다 칠해줍니다.

TIP 사물의 색을 칠할 때는 아주 밝은 부분과 아주 어두운 부분이 있도록 해서 명암 대비가 생기도록 해주세요.

TIP 명암 대비가 있어야 그림이 명확해 보여요.

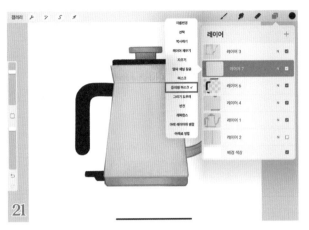

21

주전자 손잡이를 칠한 레이어 위에 새 레이어를 추가합니다.
그다음 레이어를 더블 클릭하고, [클리핑 마스크]를 체크합니다.

TIP [클리핑 마스크]는 [알파 채널 잠금]과 마찬가지로 내가 칠한 면에만
색을 칠할 수 있게 해줘요. 다만, 클리핑 마스크는 레이어를 따로 구
분할 수 있답니다.

22

밝은 갈색으로 손잡이에 나뭇결 묘사를 해줍니다.

TIP 그림에 나뭇결을 표현할 때는 선에 강약을 주면 더 자연스러워요.

23

주전자 몸체를 칠한 레이어 위에 새 레이어를 추가합니다. 그
다음 [클리핑 마스크]를 체크합니다.

24

조금은 밋밋한 주전자에 무늬를 넣어주도록 하겠습니다. 세
로로 긴 동그라미를 그리고, 나무의 녹색을 표현합니다.

위에 새 레이어를 추가합니다. 그다음 갈색으로 나무의 기둥을 그려줍니다.

마지막으로 어두운 갈색으로 주전자에 선 무늬를 그려주면, 실제 주전자를 모티브로 한 예쁜 주전자 그림이 완성됩니다.

② 달달한 디저트

🎨 팔레트

#edca8f   #dd944a   #bb581f   #7f3a12   #fee1b0   #e9be75

🥤 스케치

1

연한 황토색(#edca8f)으로 우리가 흔히 알고 있는 프레첼 모양을 그려줍니다.

2

구운 빵 느낌을 표현하기 위해 조금 어두운색(#dd944a)으로 명암을 넣어줍니다.

3

[6B 연필] 브러시로 프레첼의 모양을 확실하게 그려주고, 빗금으로 묘사를 넣어 프레첼의 질감을 표현합니다.

4

더욱 노릇노릇한 빵의 느낌을 표현하기 위해 적황색(#bb581f)으로 명암을 넣어줍니다.

5

[6B 연필] 브러시로 명암이 들어간 부분을 위주로 묘사를 추가합니다.

TIP 빵의 표면을 매끈하게 표현하기보다는 약간 울퉁불퉁하게 묘사해야 더 프레첼 같아 보여요.

6

빵이 많이 구워져 살짝 탄 느낌을 주기 위해 짙은 갈색 (#713a12)으로 끝부분에 색을 넣어줍니다.

7

윤기가 나는 빵의 표면을 표현하기 위해 상아색(#fee1b0)으로 묘사를 넣어줍니다.

8

새 레이어를 추가합니다. 그다음 7번에서 사용한 색과 같은 색으로 프레첼 위에 먹음직스러운 땅콩 가루를 뿌려줍니다.

9

마지막으로 살짝 어두운색(#e9be75)으로 땅콩 가루에 명암을 넣어 주면, 갓 구운 프레첼 완성입니다.

②
달달한 디저트

🎨 팔레트

#edca8f	#d6a95e	#c0903e	#54241c	#34120c	#200c09

#000000	#4869a8	#324e83	#fed955	#e1a416	#ec7481

#cd505e	#f0d7b9

🥤 스케치

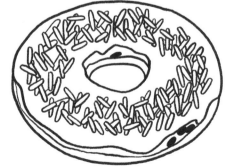

1

연한 황토색(#edca8f)으로 통통한 도넛을 그려줍니다.

2

새 레이어를 추가합니다. 그다음 도넛 위에 초콜릿색(#34120c)
으로 초코 토핑을 올려줍니다.

3

초콜릿색보다 어두운색(#200c09)으로 초코 토핑에 명암을 넣
어줍니다.

4

반질반질한 초콜릿의 느낌을 표현하기 위해 갈색(#54241c)으
로 하이라이트를 넣어줍니다.

5

다시 도넛의 빵 부분으로 돌아와 조금 짙은 황토색(#d6a95e)
으로 명암을 넣어줍니다.

6

[6B 연필] 브러시로 빵의 외곽선을 그려주고, 빵에 질감 묘사
를 넣어줍니다.

7

더 어두운색(#c0903e)으로 빵의 외곽선을 강조하고, 빵에 질
감 묘사를 추가합니다.

8

검은색(#000000)을 선택하고, 이번에는 초코 토핑 부분의 외
곽선을 그려줍니다.

9

새 레이어를 추가합니다. 그다음 파란색(#4869a8)으로 알록
달록한 설탕 토핑을 그려줍니다.

10

파란색 설탕 토핑에 조금 어두운 파란색(#324e83)으로 명암
을 넣어줍니다.

11

위에 새 레이어를 추가합니다. 그다음 노란색(#fed955)으로
알록달록한 설탕 토핑을 그려줍니다.

12

노란색 설탕 토핑에 조금 어두운 노란색(#e1a416)으로 명암
을 넣어줍니다.

13

위에 새 레이어를 추가합니다. 그다음 분홍색(#ec7481)으로
알록달록한 설탕 토핑을 그려줍니다.

14

분홍색 설탕 토핑에 진한 분홍색(#cd505e)으로 명암을 넣어
줍니다.

15

마지막으로 위에 새 레이어를 추가합니다. 그다음 흰색(#ffffff)
으로 알록달록한 설탕 토핑을 그려줍니다.

16

흰색 설탕 토핑에 조금 어두운색(#f0d7b9)으로 명암을 넣어
줍니다.

17

마지막으로 설탕 토핑이 없는 빈 공간을 위주로 초코 토핑 부분에 갈색(#54241c)으로 반짝이는 묘사를 해주면, 달콤한 도넛 완성입니다.

 팔레트

#fec2c9   #ffadb6   #f1929d   #ec7481   #d6626f   #cb505e

#fef0df   #fbe8d1   #f0d7b9   #d5b691   #bd996d   #47140b

#db3114   #bd2c14   #9f2713   #8c2413   #fed955   #e1a416

 스케치

1

케이크 모양을 그려줍니다. 그다음 상아색(#fbe8d1)으로 케이크
의 빵과 분홍색(#fladb6)으로 생크림을 칠해줍니다.

TIP 분홍색 생크림은 흘러내리는 모양으로 그려주세요.

TIP 케이크에서 빵 부분과 생크림 부분의 레이어는 따로 만들어주세요.

2

진한 분홍색(#1929d)으로 생크림에 명암을 넣고, [6B 연필]
브러시로 생크림의 외곽선을 그려줍니다.

3

조금 더 진한 분홍색(#ec7481)으로 생크림의 외곽선을 강조
하고, 흘러내리는 생크림에 선으로 묘사를 넣어줍니다. 그다
음 케이크 하단에 생크림 토핑을 더 진한 분홍색(#d6626f)으
로 그려줍니다.

4

붉은빛의 분홍색(#cb505e)으로 생크림 토핑의 모양과 외곽
선을 그려줍니다.

연한 분홍색(#fec2c9)으로 케이크가 반짝이는 느낌을 표현합니다.

새 레이어를 추가합니다. 그다음 케이크 위에 상아색(#fbe8d1)으로 하얀 생크림 장식을 그려줍니다.

조금 어두운색(#f0d7b9)으로 생크림 장식의 그림자를 표현합니다.

생크림 장식을 복사해서 배치합니다. 그다음 7번과 같은 색(#f0d7b9)으로 생크림 장식과 케이크의 빵 부분에 명암을 넣어줍니다.

9

더 어두운색(#d5b691)으로 생크림 장식 모양을 그려주고, 케이크의 외곽선도 더욱 강조합니다.

10

케이크의 형태가 또렷하게 보일 수 있도록, 9번보다 더 어두운색(#bd996d)으로 외곽선을 한 번 더 강조합니다.

11

흰색과 가까운 밝은색(#fef0df)으로 케이크의 빵 부분에 선으로 묘사를 넣어줍니다.

12

지금까지 연한 계열의 색으로 채색을 했기 때문에, 빨간색(#bd2c14)으로 케이크에 체리와 선 장식을 그려줍니다. 그다음 어두운색(#9f2713)으로 명암도 넣어줍니다.

13

더 어두운 빨간색(#8c2413)으로 체리의 모양을 그리고, 체리
와 선 장식의 외곽선을 그려줍니다.

14

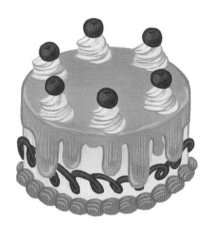

밝은 빨간색(#db3114)으로 체리와 선 장식에 반짝이는 묘사
를 넣어줍니다.

15

마찬가지로 대비를 주기 위해, 어두운 고동색(#47140b)으로
체리의 꼭지와 초콜릿 토핑을 추가합니다. 그다음 케이크 정
중앙에 노란색(#fed955)으로 생일 레터링을 써줍니다.

TIP 다른 색상과 모양의 그림을 추가할 때는 꼭 레이어를 따로 분리해
서 그려주세요.

16

흰색에 가까운 밝은색(#ef0df)으로 생일 레터링의 두께감을
표현합니다.

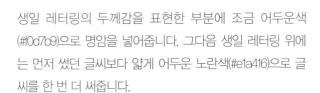

생일 레터링의 두께감을 표현한 부분에 조금 어두운색 (#f0d7b9)으로 명암을 넣어줍니다. 그다음 생일 레터링 위에는 먼저 썼던 글씨보다 얇게 어두운 노란색(#e1a416)으로 글씨를 한 번 더 써줍니다.

마지막으로 흰색(#ffffff)으로 케이크에 추가 장식을 그려주면, 달달한 생일 케이크 완성입니다.

× 빨갛게 익은 사과 ×

🎨 팔레트

 #be4b34　 #b32736　 #8d1725　 #ddaa2e　 #e07b2f　 #32090e

#436439　#2e4d26

✏️ 스케치

1

빨간색(#b32736)으로 사과를 그려줍니다.

2

진한 빨간색(#8d1725)으로 사과에 명암을 넣어줍니다.

3

사과의 색이 바랜 느낌을 주기 위해 노란색(#ddaa2e)으로 명암을 넣어주고, [6B 연필] 브러시로 빗금 묘사를 해줍니다.

4

진한 빨간색(#8d1725)으로 사과의 외곽선을 그려주고, 결에 맞게 빗금 묘사를 추가합니다.

5

빨갛게 잘 익은 사과를 표현하기 위해 두 개의 붉은색 (#be4b34, #8d1725)으로 점박이 묘사를 해줍니다.

6

[6B 연필] 브러시로 사과의 결에 맞게 주황색(#e07b2f)으로 가는 선을 그려 묘사를 추가합니다.

7

아주 어두운 고동색(#32090e)으로 사과의 꼭지를 그려줍니다.

8

새 레이어를 추가하고, 초록색(#436439)으로 사과 꼭지에 작은 나뭇잎을 그려줍니다. 그다음 짙은 초록색(#2e4d26)으로 명암도 넣어줍니다.

9

마지막으로 [6B 연필] 브러시를 사용해 나뭇잎에 짙은 초록
색(#2e4d26)으로 잎맥을 표현하면, 빨갛게 익은 사과 완성입
니다.

③ 신선한 과일

 팔레트

#fdcf3d

#e8bf3d

#ddaa2e

#b68817

#dad03d

#99a132

#757c1d

#441c15

#230e0b

스케치

1

노란색(#e8bf3d)으로 길쭉한 바나나를 그려줍니다. 그다음 진한 노란색(#ddaa2e)으로 바나나에 명암을 넣어줍니다.

2

바나나 양 끝에 초록색(#99a132)을 칠해줍니다.

3

진한 노란색(#ddaa2e)으로 바나나에 빗금 묘사를 넣어줍니다.

4

황토색(#b68817)으로 바나나에 명암을 넣어주고, [6B 연필] 브러시를 사용해서 바나나의 모양과 외곽선을 그려줍니다. 그다음 진한 초록색(#757c1d)으로 바나나 양 끝의 외곽선을 그려줍니다.

5

고동색(#441c15)과 검은색에 가까운 색(#230e0b)으로 양 끝에
바나나 꼭지를 표현합니다.

6

밝은 노란색(#fdcf3d)으로 바나나에 빗금 묘사를 추가합니다.

7

연두색(#dad03d)으로 바나나의 초록색 부분에 점박이 묘사
를 넣어줍니다.

8

바나나가 익은 느낌을 표현하기 위해 양 끝에 고동색(#441c15)
으로 명암을 넣고, 점박이 묘사도 넣어줍니다.

9

마지막으로 바나나를 그린 레이어를 복사해서 세 송이를 만들면, 세 송이 바나나 완성입니다.

TIP 바나나 꼭지 부분은 [이동&변형] 툴을 이용해 레이어를 회전시켜 꼭 하나로 모아주세요.

× 소담한 포도송이 ×

 팔레트

#b84ba3	#813272	#522149	#3d1535	#291125	#441c15
#230e0b	#99a132	#757c1d	#5b6012	#3e420c	

🗑 스케치

1

동그란 포도 알맹이를 보라색(#522149)으로 그려줍니다.

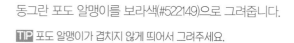포도 알맹이가 겹치지 않게 띄어서 그려주세요.

2

밑에 새 레이어를 추가합니다. 그다음 1번에서 그렸던 포도 알맹이 사이사이에 짙은 보라색(#3d1535)으로 어두운 알맹이를 그려줍니다.

3

1번에서 그렸던 포도 알맹이에 2번과 같은 색(#3d1535)으로 명암을 넣어줍니다.

4

이번에는 2번에서 그린 어두운 알맹이에 검보라색(#291125)으로 명암을 넣어줍니다.

5

밑에 새 레이어를 추가합니다. 그다음 앞서 그렸던 포도 알맹이 사이사이에 밝은 보라색(#813272)으로 포도 알맹이를 추가로 그려줍니다.

6

1번에서 그렸던 포도 알맹이에 밝은 보라색(#813272)으로 밝은 명암을 넣어줍니다.

7

5번에서 그린 밝은 포도 알맹이에는 조금 어두운 보라색 (#522149)으로 명암을 넣어줍니다.

8

짙은 보라색(#3d1535)으로 포도 알맹이가 잘 보이도록 하나 하나 형태를 그려줍니다.

9

밝은 보라색(#b84ba3, #522149)으로 포도 알맹이에 반짝이는 묘사를 넣어줍니다.

TIP 밝은 알맹이는 #b84ba3 색으로, 어두운 알맹이는 #522149 색으로 반짝임을 주세요.

10

밝은 포도 알맹이는 더욱 반짝일 수 있도록 밝은 보라색(#813272)으로 반짝이는 묘사를 추가합니다.

11

고동색(#441c15)으로 포도 꼭지를 그려주고, 아주 어두운 고동색(#230e0b)으로 포도 꼭지에 명암을 넣어줍니다. 그다음 포도 알맹이 사이사이에 포도 줄기를 그려줍니다.

12

제일 밑에 새 레이어를 추가합니다. 그다음 초록색(#757c1d)으로 포도의 잎을 그려줍니다.

13

잎에 어두운 초록색(#5b6012)으로 명암을 넣어줍니다.

TIP 큰 잎사귀에 명암을 넣을 때는 그림처럼 반을 나눠서 넣어주면 더 좋아요.

14

13번과 같은 색(#5b6012)으로 잎에 선으로 묘사를 넣고, 외곽선을 그려줍니다.

15

더 어두운 초록색(#3e420c)으로 명암이 들어간 잎의 외곽선을 그려줍니다.

16

어두운 고동색(#230e0b)으로 잎의 잎맥과 꼬부랑거리는 포도의 줄기를 그려줍니다.

17

밝은 연두색(#99a132)으로 잎에 반짝이는 묘사를 넣어주면,
소담한 포도송이 완성입니다.

④ 싱그러운 식물

 팔레트

#ec887f	#d57b72	#c76158	#ac453c	#80caa2	#6aad89

#478a65	#2d6245	#19402a	#2b4543	#000000

 스케치

1

살짝 어두운 분홍색(#d57b72)으로 화분을 그려줍니다.

2

벽돌색(#c76158)으로 화분에 명암을 넣어줍니다.

3

벽돌색(#c76158)으로 [6B 연필] 브러시를 사용해 화분의 외곽선을 그리고, 빗금으로 묘사를 살짝 넣어줍니다. 그다음 화분의 아랫부분을 지우개로 살짝 지워 구멍을 뚫어줍니다.

4

붉은 벽돌색(#ac453c)으로 화분의 외곽선을 강조하고, 화분에 빗금으로 묘사를 추가로 넣어줍니다.

5

연한 분홍색(#ec887f)으로 화분에 빗금 묘사를 추가합니다.

6

밑에 새 레이어를 추가합니다. 그다음 초록색(#6aad89)으로 선인장을 그려줍니다.

7

조금 진한 초록색(#478a65)으로 선인장 끝부분을 중심으로 명암을 넣어주고, 선인장 줄기에 줄무늬 묘사를 넣어줍니다.

8

짙은 초록색(#2d6245)으로 7번에서 칠한 명암 면적보다 좁게 명암을 넣어줍니다. 그다음 선인장의 외곽선을 그리고, 줄기의 줄무늬를 강조합니다.

9

가장 짙은 초록색(#19402a)으로 선인장에 가시를 그려주고, 가시가 돋아난 부분을 위주로 선인장의 외곽선을 더욱 강조합니다.

10

민트색(#80caa2)으로 선인장에 가시 묘사를 추가합니다.

11

밑에 새 레이어를 추가합니다. 그다음 검은색(#000000)으로 두꺼운 선인장을 그려줍니다.

12

두꺼운 선인장에 청록색(#2b4543)으로 명암을 넣고 선인장의 가시를 표현하면, 선인장 화분 완성입니다.

④ 싱그러운 식물

🎨 팔레트

#faf7ef	#ece9e2	#d4ccb6	#aca182	#5c8661	#4b7350
#4cbdb6	#3aaba5	#30958f	#27807b	#d64126	#b23923
#a03725	#862a19	#6a1f12	#200c09	#fed955	#e1a416
#335437					

✏️ 스케치

1

하얀색보다 살짝 어두운색(#ece9e2)으로 화분을 그려줍니다.

2

1번보다 어두운색(#d4ccb6)으로 화분에 명암을 넣어주고, [6B 연필] 브러시로 화분의 외곽선을 그리고 빗금으로 묘사를 넣어줍니다.

3

더 어두운색(#aca182)으로 화분의 외곽선을 강조하고, 윗부분에 빗금 묘사를 추가합니다.

4

위에 새 레이어를 추가합니다. 그다음 초록색(#5c8661)으로 화분에 잎사귀 무늬를 그리고, 진한 초록색(#4b7350)으로 명암을 살짝 넣어줍니다.

5

밑에 새 레이어를 추가합니다. 그다음 푸른색(#3aaba5)으로 화분에 꽃잎 무늬를 그려줍니다.

6

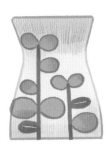

짙은 푸른색(#30958f)으로 꽃잎에 명암을 넣고, [6B 연필] 브러시를 사용해 청록색(#27807b)으로 꽃잎의 외곽선을 그려줍니다.

7

검은색에 가까운 짙은 갈색(#200c09)으로 꽃잎의 안쪽을 채우고, 화분에 추가 무늬를 그려줍니다.

8

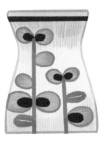

꽃잎 무늬에 밝은 푸른색(#4cbdb6)으로 선 묘사를 넣어줍니다.

9

화분에도 흰색에 가까운 밝은색(#af7ef)으로 선 묘사를 넣어
줍니다.

10

제일 밑에 새 레이어를 추가합니다. 그다음 빨간색(#b23923)
으로 하트 모양의 붉은 튤립을 그리고, 진한 빨간색(#a03725)
으로 명암을 넣어줍니다.

11

어두운 빨간색(#862a19)으로 튤립의 모양을 그리고, 외곽선
을 그려줍니다.

12

검붉은색(#6a1f12)으로 튤립의 선을 더욱 강조합니다.

13

튤립에 밝은 빨간색(#d64126)으로 선을 그려 튤립의 색을
밝혀줍니다.

14

검은색에 가까운 짙은 갈색(#200c09)으로 튤립에 꽃봉오리
줄기를 그려줍니다.

15

꽃봉오리 줄기 위에 두 개의 노란색(#fed955, #e1a416)을 적절
히 섞어 꽃봉오리를 작게 그려줍니다.

16

밑에 새 레이어를 추가합니다. 그다음 초록색(#5c8661)으로
튤립의 줄기와 잎을 그려줍니다.

진한 초록색(#4b7350)으로 줄기와 잎에 명암을 넣어줍니다. 그다음 잎맥과 외곽선을 그려줍니다.

마지막으로 어두운 초록색(#335437)으로 튤립의 줄기와 잎을 강조하면, 붉은 튤립 화분 완성입니다.

④ 싱그러운 식물

 팔레트

#e9f3f2 #bad5d3 #99b5b3 #648885 #fe919d #ec7481

#dc5b69 #d33e54 #fed955 #200c09 #466d39 #245224

#183718 #2b4543 #1f2929

 스케치

1

연한 하늘색(#bad5d3)으로 곡선이 들어간 꽃병을 그려줍니다. 그다음 꽃병의 불투명도를 70%로 해줍니다.

2

어두운색(#99b5b3)으로 꽃병에 명암을 넣어주고, [6B 연필] 브러시로 꽃병의 외곽선을 그려줍니다.

3

새 레이어를 추가합니다. 그다음 분홍색(#ec7481)으로 꽃을 그리고, 꽃에 진한 분홍색(#dc5b69)으로 명암을 넣어줍니다.

4

진한 분홍색(#dc5b69)으로 꽃의 외곽선을 그리고, 꽃잎의 모양을 그려줍니다.

5

꽃을 붉은색(#d33e54)으로 더욱 강조합니다.

6

밝은 분홍색(#fe919d)으로 꽃잎의 모양에 맞게 가는 선으로
묘사를 넣어주고, 가운데에 작은 꽃을 그려줍니다.

7

꽃잎 위에 노란색(#fed955)으로 작은 꽃술을 그려줍니다.

8

검은색에 가까운 짙은 갈색(#200c09)으로 꽃봉오리를 그려
줍니다.

9

꽃봉오리 주변에 흰색(#ffffff)으로 동그라미를 그려줍니다.

10

제일 밑에 새 레이어를 추가합니다. 그다음 초록색(#245224)
으로 오돌토돌하고 곧은 줄기를 그려줍니다.

11

줄기와 같은 색(#245224)으로 줄기에 달린 잎을 그려줍니다.
TIP 잎맥은 다른 색상으로 칠하기 위해 비우고 그려주세요.

12

밑에 새 레이어를 추가합니다. 그다음 잎맥을 노란색(#fed955)
으로 칠해줍니다.

13

짙은 초록색(#183718)으로 잎과 줄기에 명암을 넣어주고, 외곽선을 더욱 강조합니다.

14

밝은 초록색(#466d39)으로 잎맥 방향에 따라 가는 선으로 묘사를 넣어줍니다.

15

다시 꽃병으로 돌아와서 어두운색(#648885)으로 꽃병의 두께감을 표현하고, 바닥 묘사를 해줍니다.

16

위에 새 레이어를 만들고, 밝은색(#e9f3f2)으로 꽃병에 반짝이는 묘사를 해줍니다.

TIP 투명한 사물에 반짝이는 묘사를 할 때는 레이어를 새로 만들어야 밝은색이 잘 표현돼요.

17

위에 새 레이어를 추가합니다. 그다음 꽃병에 어두운 청록색
(#2b4543)으로 나뭇잎 무늬를 그려줍니다.

18

마지막으로 더 어두운색(#112929)으로 나뭇잎 무늬에 명암을
넣어주면, 분홍꽃 꽃병 완성입니다.

× 핼러윈 호박 등불 ×

 팔레트

#fc9437	#e38c3e	#cd782d	#ac601d	#854a15	#99a132
#757c1d	#5f6516	#454910	#f4ba40	#432c1b	#1e1610

스케치

1

주황색(#e38c3e)으로 위아래가 평평한 타원형을 그려줍니다.

2

어두운 주황색(#cd782d)으로 위아래 명암을 넣어주고, 세로로 호박의 줄을 그려줍니다.

3

호박의 줄 모양에 맞게 위아래를 지우개로 지워 울퉁불퉁하게 만들어줍니다. 그다음 세로로 선 묘사를 해줍니다.

4

호박의 형태가 잘 보이지 않는 부분에 갈색(#ac601d)으로 선을 강조하고, 묘사도 추가로 넣어줍니다.

5

밝은 주황색(#fc9437)으로 호박의 가운데 부분을 위주로 선 묘사를 추가로 넣어줍니다.

6

밑에 새 레이어를 추가합니다. 그다음 초록색(#757c1d)으로 호박 줄기를 그려줍니다.

7

어두운 초록색(#5f6516)으로 호박 줄기의 양 끝에 명암을 넣고, [6B 연필] 브러시로 세로선을 그려줍니다.

TIP 세로선을 그을 때 선에 강약을 주면 더 자연스럽게 표현이 가능해요.

8

더 어두운 초록색(#454910)으로 호박 줄기의 선을 강조합니다.

9

연두색(#99a132)으로 호박 줄기에 점으로 묘사를 넣어줍니다.

10

제일 위에 새 레이어를 추가합니다. 그다음 검은색에 가까운 색(#1e1610)으로 호박의 눈과 입을 무섭게 그려줍니다.

11

안에서 빛이 나오는 효과를 주기 위해 10번에서 사용한 색보다 살짝 밝은 갈색 계열의 색(#432c1b)으로 명암을 넣어줍니다.

12

어두운색과 대비되도록 이번에는 노란색(#4ba40)으로 명암을 넣어줍니다.

13

갈색(#ac601d)으로 호박의 눈과 입의 외곽선을 그려줍니다.

14

조금 늙은 호박처럼 연출하기 위해 밝은 주황색(#fc9437)으로 호박의 윗부분을 점 모양으로 칠해줍니다.

TIP 묘사를 추가할 때는 어둡게 명암이 들어간 부분보다는 밝게 빛을 받는 부분 위주로 해주는 것이 좋아요.

15

어두운 갈색(#854a15)으로 호박에 선명한 주름 묘사를 해줍니다.

16

마지막으로 노란색(#f4ba40)으로 눈과 입에 빛이 나오는 효과를 넣어주면, 핼러윈 호박 등불 완성입니다.

× 마녀 컵케이크 ×

🎨 팔레트

#893a7a #6a2f5f #522149 #3d1535 #280c23 #b0ba39

#99a132 #757c1d #5f6516 #454910 #432c1b #1e1610

#000000 #e38c3e #cb782d #ac601d

✏️ 스케치

184

1

보라색(#522149)으로 위에가 지그재그 모양인 컵케이크 종이를 그려줍니다.

2

어두운 보라색(#3d1535)으로 컵케이크 종이에 명암을 넣어줍니다.

3

2번에서 명암을 넣은 색(#3d1535)으로 [6B 연필] 브러시를 사용해서 지그재그 모양에 맞게 세로선을 그려줍니다.

4

더 어두운색(#280c23)으로 세로선을 강조합니다.

5

앞서 그렸던 선을 피해 밝은 보라색(#6a2f5f)으로 세로선을
그려줍니다.

6

윗부분을 위주로 더 밝은 보라색(#893a7a)으로 선을 그려줍
니다.

7

밑에 새 레이어를 추가합니다. 그다음 곡선을 살리며 연두색
(#99a132)으로 크림을 위에 그려줍니다.

8

어두운 연두색(#757c1d)으로 크림에 명암을 넣고, 곡선에 맞
게 선을 그려줍니다.

9

더 어두운 연두색(#5f6516)으로 크림의 선을 강조합니다.

10

크림의 가로 곡선을 따라서 밝은 연두색(#b0ba39)으로 추가 묘사를 해줍니다.

11

그림에 재미를 더해주기 위해 진한 초록색(#454910)으로 크림 사이사이에 틈을 표현합니다.

12

위에 새 레이어를 추가합니다. 그다음 검은색에 가까운 색 (#1e1610)으로 마녀 모자와 거미줄, 초코 토핑을 그려줍니다.

13

검은색(#000000)으로 명암을 넣고, 마녀 모자의 외곽선을 그려줍니다.

14

이번에는 명암이 대비되도록 흰색(#ffffff)으로 컵케이크에 장식을 추가합니다.

15

마녀 모자에 주황색(#e38c3e)으로 띠를 그려줍니다.

16

어두운 주황색(#cb782d)으로 띠 양쪽에 명암을 넣어줍니다.

17

18

갈색(#ac601d)으로 띠의 외곽선을 그리고, 선으로 묘사를 넣
어줍니다.

마지막으로 마녀 모자에 진한 갈색(#432c1b)으로 선 묘사를
넣고 띠 위에 흰색(#ffffff)으로 버클을 그려주면, 마녀 컵케이
크 완성입니다.

⑤ 으스스한 핼러윈

 팔레트

#dee1e2　　#bec1c0　　#999d9e　　#717b7d　　#424c4f　　#272e30

스케치

1

연한 회색(#dee1e2)으로 머리가 동그란 유령을 그려줍니다. 그다음 어두운색(#bec1c0)으로 아랫부분을 위주로 명암을 넣어줍니다.

2

아랫부분에 진한 회색(#999d9e)으로 명암을 한 번 더 넣어줍니다. 그다음 아래에 새 레이어를 하나씩 추가하고, 유령의 손을 그려줍니다.

3

유령 몸통의 불투명도를 70%로 바꿔주고, 2번에서 명암을 넣었던 색(#999d9e)으로 외곽선을 그려줍니다.

4

더 어두운색(#717b7d)으로 손에 명암을 넣고, 몸통과 손의 외곽선을 더욱 강조합니다. 그다음 몸통 아랫부분에는 세로선 묘사도 넣어줍니다.

5

이번에는 연한 회색(#dee1e2)으로 세로선 묘사를 넣어줍니다.

6

위에 새 레이어를 추가합니다. 그다음 어두운색(#424c4f)으로 유령의 눈을 그리고, 검은색에 가까운 색(#272e30)으로 명암을 넣어줍니다.

7

초롱초롱한 눈을 표현하기 위해 조금 밝은색(#717b7d)으로 눈동자를 묘사합니다.

8

밑에 새 레이어를 추가합니다. 그다음 연한 회색(#dee1e2)으로 꼬마 유령의 눈 흰자 위에 명암을 넣어줍니다.

9

8번에서 넣은 명암보다 적은 면적에 어두운색(#bec1c0)으로
흰자에 명암을 넣어주면, 꼬마 유령 완성입니다.

⑥ 따뜻한 크리스마스

 팔레트

#d9d3bf	#b7b09c	#9c9379	#6aad89	#649379	#55856b
#356750	#b22f23	#93241a	#6c1811	#fed8d5	#f5b4ae
#d57b72	#b65249	#183c18	#102711	#d5b23c	

 스케치

1

직사각형 모양의 선물 상자를 그려줍니다. 상자 뚜껑은 초록색(#649379)으로, 박스는 베이지색(#d9d3bf)으로 칠해줍니다.

TIP 선물 상자의 뚜껑과 박스는 색이 다르기 때문에 레이어를 따로 만들어 주세요.

2

상자 박스에 어두운색(#b7b09c)으로 명암을 넣은 다음, 박스의 형태를 그리고 선으로 묘사도 넣어줍니다.

3

더 어두운색(#9c9379)으로 박스의 형태를 강조하고, 박스 옆면에 선으로 묘사를 추가로 넣어줍니다.

4

진한 초록색(#55856b)으로 상자 뚜껑에 명암을 넣고, 형태를 그려줍니다.

5

더 진한 초록색(#356750)으로 상자 뚜껑에 명암을 한 번 더 넣어주고, 상자 뚜껑의 형태를 더욱 강조합니다.

6

위에 새 레이어를 추가합니다. 그다음 빨간색(#b22123)으로 선물 상자를 묶는 리본을 그려줍니다.

TIP 리본 끈의 가로와 세로 하나씩 레이어를 만들어주세요.

7

진한 빨간색(#93241a)으로 리본에 명암을 넣은 다음, 외곽선을 그리고 선으로 묘사도 넣어줍니다.

8

더 진한 빨간색(#6c1811)으로 리본의 형태를 강조하고, 선으로 묘사를 추가로 넣어줍니다.

선물 상자 뚜껑 앞부분에 밝은 초록색(#6aad89)으로 선 묘사를 넣어줍니다.

위에 새 레이어를 추가합니다. 그다음 리본의 매듭 부분을 진한 빨간색(#93241a)으로 그려줍니다.

연한 분홍색(#fed8d5)과 빨간색(#93241a)으로 앞뒤 색이 다른 리본을 레이어를 하나씩 만들어 그려줍니다.

붉은 리본에 진한 빨간색(#6c1811)으로 명암을 넣어줍니다. 그다음 리본의 형태를 그리고, 결에 맞게 선으로 묘사를 해줍니다.

13

분홍 리본도 마찬가지로 조금 더 진한 분홍색(#f5b4ae)으로 명암을 넣은 다음, 리본의 결에 맞게 묘사를 해줍니다.

14

13번보다 더 진한 분홍색(#d57b72)으로 분홍 리본의 선을 강조하고, 묘사도 추가합니다.

15

분홍 리본을 더욱 선명하게 하기 위해 도적색(#b65249)으로 한 번 더 리본의 선을 강조합니다.

16

분홍 리본은 붉은색(#6c1811) 실로, 붉은 리본은 분홍색(#f5b4ae) 실로 묘사를 넣어 리본에 무늬를 만들어줍니다.

리본 레이어 밑에 새 레이어를 추가합니다. 그다음 녹색 (#183c18)으로 선물 상자에 띠를 두르고, 어두운색(#102711)으로 명암을 넣어줍니다.

녹색 띠 위에 황금색(#d5b23c) 선을 그리면, 크리스마스 선물 완성입니다.

⑥ 따뜻한 크리스마스

🎨 팔레트

#f0c42c	#c9a837	#a98c27	#80691a	#544512	#cf5044
#b22f23	#93241a	#6c1811	#4f110b	#fed955	#d5b23c
#9a7f24	#388639	#245224	#183c18	#102711	

✏️ 스케치

200

1

황금색(#c9a837)으로 윗부분이 동그란 종을 그려줍니다.

2

종에 어두운색(#a98c27)으로 일정한 굵기의 가로선을 그려줍니다. 그다음 종의 아랫부분에는 징글벨 종이 울리는 동그란 종구를 그려줍니다.

TIP 가로선과 종구는 각각 레이어를 하나씩 만들어주세요.

3

2번과 같은 색(#a98c27)으로 종에 명암을 넣고 외곽선을 그려줍니다.

4

더 어두운색(#80691a)으로 가로선과 종구에 명암을 넣어줍니다. 그다음 외곽선을 그리고, 종구에 음영을 넣어줍니다.

5

노란색(#f0c42c)으로 종에 반짝이는 묘사를 넣어줍니다.

6

종이 울리는 종구에 아주 어두운색(#544512)으로 형태를 그려주고, 황금색(#c9a837)으로 반짝이는 표현을 해줍니다.

7

위에 새 레이어를 추가합니다. 그다음 빨간색(#b22l23)으로 종에 리본을 그려줍니다.

8

위에 새 레이어를 추가합니다. 그다음 리본 모양에 맞춰 노란색(#fed955)으로 리본에 띠를 그려줍니다.

9

붉은 리본에 진한 빨간색(#93241a)으로 명암을 넣어줍니다.

10

두 개의 검붉은색(#6c1811, #4f110b)을 적절히 섞어 리본에 주름 묘사를 넣어줍니다.

11

리본의 노란색 띠에도 어두운 노란색(#d5b23c)으로 명암을 넣어줍니다.

12

리본의 형태를 더욱 또렷하게 하기 위해 노란색 띠에 더 어두운색(#9a7124)으로 한 번 더 명암을 넣어줍니다.

13

붉은 리본에 밝은 빨간색(#cf5044)으로 줄무늬를 그려줍니다.

14

제일 밑에 새 레이어를 추가합니다. 그다음 종 뒤에 초록색(#245224)으로 잎사귀 장식을 그리고, 어두운 초록색(#183c18)으로 잎사귀 장식에 명암을 넣어줍니다.

15

밝은 초록색(#388639)으로 잎사귀 장식 윗부분에 밝은 명암을 넣고, 가는 선으로 묘사도 넣어줍니다.

16

밑에 새 레이어를 추가합니다. 그다음 가장 어두운 초록색(#102711)으로 잎사귀 장식의 빈 공간을 메꿔줍니다.

17

18

크리스마스 분위기를 더욱 주기 위해 종에 노란색(#f0c42c)
으로 무늬를 그려줍니다.

마지막으로 흰색(#ffffff)으로 하얀 눈을 떠올리게 하는 장식을
그려주면, 징글벨 종 완성입니다.

× 크리스마스트리 ×

 팔레트

#367a37   #356536   #245224   #153a15   #9ea2a3   #6f787b

#3a4144   #fdf7e1   #000000   #e43417   #bd2c14   #a12713

#6f1a0c   #fed955   #e9c64c   #c9a837   #a98c27   #432c1b

#20150d

 스케치

1

초록색(#356536)으로 삐쭉한 모양의 트리 윗부분을 그려줍니다.

2

밑에 새 레이어를 추가합니다. 그다음 트리 중간 부분을 그려줍니다.

3

밑에 새 레이어를 추가합니다. 그다음 트리 아랫부분을 그려줍니다.

4

진한 초록색(#245224)으로 트리 윗부분을 위주로 세 단 모두 명암을 넣어줍니다.

5

4번과 같은 색(#245224)으로 트리의 외곽선을 그리고, 세로로 선 묘사도 넣어줍니다.

6

더 짙은 초록색(#153a15)으로 명암이 들어간 부분을 위주로 선으로 추가 묘사를 해줍니다. 그다음 트리의 외곽선을 더욱 강조합니다.

7

밝은 초록색(#367a37)으로 트리 모양에 맞게 선으로 추가 묘사를 해줍니다.

8

위에 새 레이어를 추가합니다. 그다음 트리 장식을 다는 선을 검은색(#000000)으로 그려줍니다.

9

위에 새 레이어를 추가합니다. 그다음 노란색(#e9c64c)으로 트리 제일 위에 별 장식과 선에 달린 장식을 그려줍니다. 그리고 황금색(#c9a837)으로 장식들에 명암을 넣어줍니다.

10

어두운색(#a98c27)으로 별의 형태를 그려주고, 선에 달린 장식에 동그란 음영을 넣어줍니다.

11

밝은 노란색(#fed955)으로 장식에 반짝이는 묘사를 넣어줍니다.

12

위에 새 레이어를 추가합니다. 그다음 빨간색(#bd2c14)으로 선에 달린 장식을 그려줍니다. 그리고 조금 어두운 빨간색(#a12713)으로 장식에 명암을 넣어줍니다.

13

검붉은색(#611a0c)으로 붉은 장식의 외곽선을 그려주고, 아랫부분에 동그란 음영을 넣어줍니다.

14

밝은 빨간색(#e43417)으로 붉은 장식에 반짝이는 묘사를 넣어줍니다.

15

장식을 다는 선과 동그란 장식들 사이에 회색(#9ea2a3)으로 연결고리를 그려줍니다. 그다음 살짝 어두운 회색(#61787b)으로 명암을 넣어줍니다.

16

짙은 회색(#3a4144)으로 연결고리의 형태를 또렷하게 그려줍니다.

17

밑에 새 레이어를 추가합니다. 그다음 흰색에 가까운 색
(#fdf7e1)으로 트리를 반짝여 줄 꼬마전구를 그려줍니다.

18

노란색(#fed955)으로 꼬마전구에 빛을 밝혀줍니다.

19

화이트 크리스마스를 표현하기 위해 흰색(#ffffff)으로 눈꽃 장
식을 그려줍니다.

20

고동색(#432c1b)으로 트리의 나무 기둥을 그려줍니다.

21

나무 기둥에 어두운색(#20150d)으로 명암을 넣고 나뭇결 무
늬를 그려주면, 크리스마스트리 완성입니다.

× 여행 지도 ×

⑦ 신나는 여행

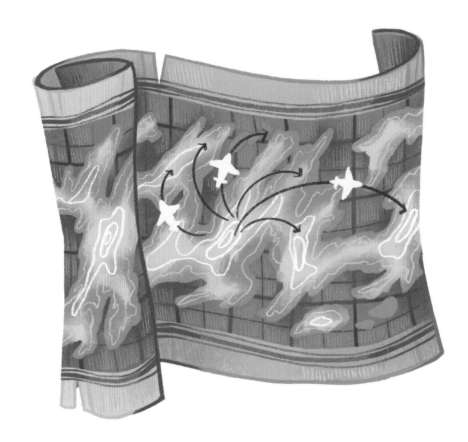

 팔레트

#7496c6   #6381ac   #586f8f   #395479   #264065   #1d2d42

#ece9e2   #d9d3bf   #c8c0a9   #a39877   #7c7357   #635b42

 스케치

1

베이지색(#d9d3bf)으로 지도의 말린 부분을 그려줍니다.

2

밑에 새 레이어를 추가합니다. 그다음 조금 어두운 베이지색 (#c8c0a9)으로 지도의 펼쳐진 부분을 그려줍니다.

3

새 레이어를 추가합니다. 그다음 2번보다 더 어두운색 (#a39877)으로 지도가 말린 부분을 그려줍니다.

4

각 종이 부분에 맞는 색(#c8c0a9, #a39877, #7c7357)으로 명 암을 넣고, 지도의 형태를 그려줍니다.

TIP 1번에서 그린 부분에는 #c8c0a9, 2번에서 그린 부분에는 #a39877, 3번에서 그린 부분에는 #7c7357 색으로 명암을 넣고, 지도의 형태를 그려주세요.

5

제일 위에 새 레이어를 추가합니다. 그다음 바다색(#6381ac)으로 지도에서 바다 부분을 칠해줍니다.

6

조금 어두운 바다색(#58618f)으로 바다 부분에 명암을 넣어줍니다.

7

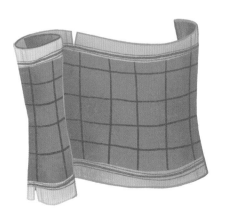

짙은 바다색(#395479)으로 바다 부분에 격자무늬를 크게 그려줍니다. 그다음 지도의 종이 부분에도 어두운색(#7c7357)으로 가는 띠를 그려줍니다.

8

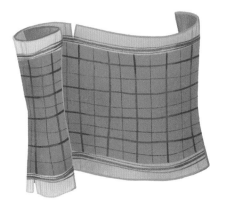

더 짙은 바다색(#264065)으로 격자무늬 사이에 가는 선을 그리고, 7번에서 그렸던 격자무늬의 선을 강조합니다. 그다음 종이 부분의 가는 띠도 더 어두운색(#635b42)으로 선을 강조합니다.

9

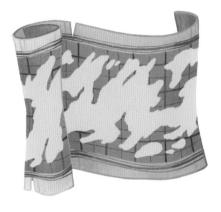

위에 새 레이어를 추가합니다. 그다음 베이지색(#d9d3bf)으로 지도에 대륙을 그려줍니다.

10

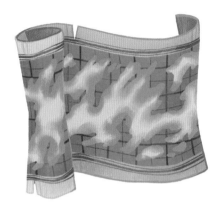

조금 어두운 베이지색(#c8c0a9)으로 대륙 부분에 명암을 넣어줍니다.

11

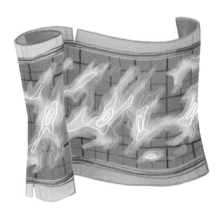

두 개의 색(#ece9e2, #d9d3bf)을 적절히 섞어서 대륙 부분에 선으로 묘사를 넣어 등고선을 표현합니다.

12

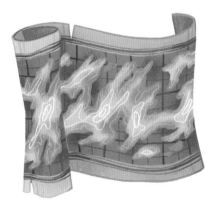

바다 부분에 짙은 바다색(#395479)으로 명암을 넣어 심해를 표현합니다.

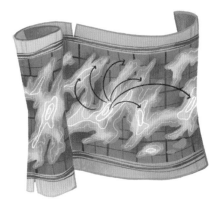

남색(#1d2d42)으로 비행기의 경로를 그려줍니다.

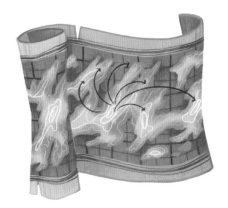

지도의 종이 부분과 바다 부분에 밝은색(#ece9e2, #7496c6)을 사용해서 선으로 묘사를 넣어줍니다.

TIP 종이 부분에는 #ece9e2 색으로, 바다 부분에는 #7496c6 색으로 묘사를 넣어주세요.

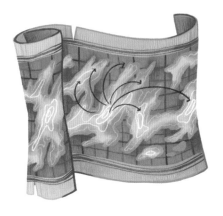

지도가 말린 부분의 형태를 또렷하게 하기 위해 아주 어두운 색(#635b42)으로 한 번 더 형태를 그려줍니다.

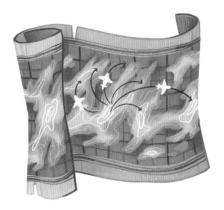

비행기 경로에 맞게 흰색에 가까운 색(#ece9e2)으로 비행기를 그려주면, 여행 지도 완성입니다.

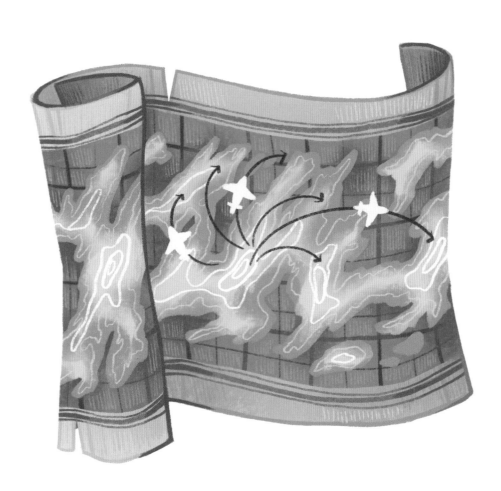

⑦ 신나는 여행

🎨 팔레트

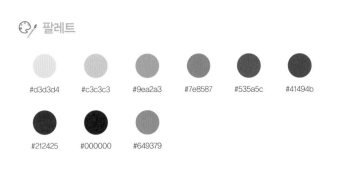

#d3d3d4 #c3c3c3 #9ea2a3 #7e8587 #535a5c #41494b

#212425 #000000 #649379

🖌 스케치

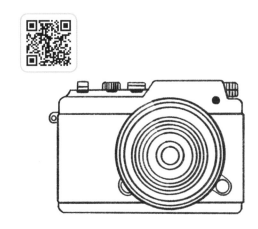

1

회색(#c3c3c3)으로 카메라 모양을 그려줍니다.

TIP 모서리는 각지지 않게 둥글게 그려주세요.

2

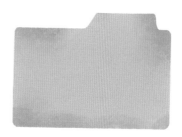

카메라 모서리를 중심으로 조금 어두운 회색(#9ea2a3)으로 명암을 넣어줍니다.

3

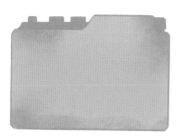

2번과 같은 색(#9ea2a3)으로 카메라의 외곽선을 그려줍니다. 그다음 밑에 새 레이어를 추가하고, 카메라의 버튼들이 있는 윗부분을 그려줍니다.

4

더 어두운 회색(#7e8587)으로 카메라 버튼의 디테일을 그려 주고, 왼쪽에 고리를 그려줍니다.

5

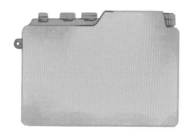

카메라의 형태를 더 또렷하게 해주기 위해 더 어두운색 (#535a5c)으로 카메라 버튼들이 있는 부분을 위주로 선을 강조합니다.

6

카메라는 금속 재질이기 때문에 연한 회색(#d3d3d4)으로 반짝이는 묘사를 넣어줍니다.

7

위에 새 레이어를 추가합니다. 그다음 검은색에 가까운 회색 (#212425)으로 카메라의 가죽 부분을 그려줍니다.

8

카메라 가죽 부분에 검은색(#000000)으로 명암을 넣고, 위에 새 레이어를 추가합니다. 그다음 검은색(#000000)으로 카메라의 렌즈 부분을 그려줍니다.

9

10

카메라에 가죽 느낌을 표현하기 위해 기본 브러시에서 [터치
업] 〉[오래된 가죽] 브러시를 선택해서 검은색(#000000)으로
가죽 재질을 입혀줍니다. 그다음 카메라 렌즈 레이어 밑에
새 레이어를 추가하고, 렌즈 주변에 회색(#9ea2a3)으로 밝게
테두리와 부품을 그려줍니다.

카메라 렌즈 주변 부품에 어두운 회색(#7e8587)으로 명암을
넣어줍니다.

11

12

더 어두운 회색(#535a5c)으로 카메라 렌즈 주변 부품에 디테
일을 추가합니다.

이번에는 검은색에 가까운 회색(#212425)으로 카메라 렌즈에
디테일을 추가합니다.

13

조금 밝은색(#41494b)으로 렌즈에 빛을 받는 부분을 살려주고, 가운데에 동그란 렌즈를 그려줍니다.

14

13번에서 렌즈에 빛을 받는 부분을 표현한 것보다 적은 영역에 회색(#7e8587)으로 칠해주고, 렌즈 가운데는 검은색(#000000)으로 동그라미를 그려 구멍을 뚫어줍니다.

15

위에 새 레이어를 추가합니다. 그다음 회색(#9ea2a3)으로 렌즈의 유리 부분을 그려줍니다.

16

렌즈 유리의 절반만 녹색(#649379)으로 칠해줍니다.

17

마지막으로 카메라 렌즈의 불투명도를 40%로 해주면, 여행
의 소중한 순간을 기록하는 카메라 완성입니다.

⑦ 신나는 여행

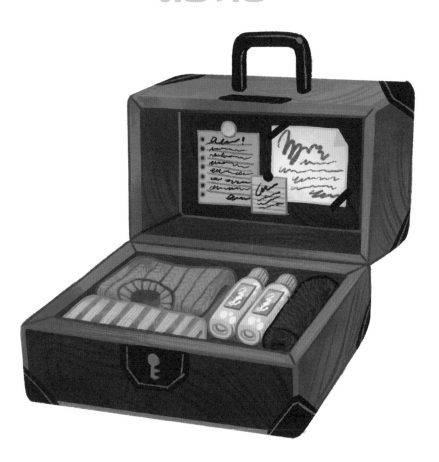

 팔레트

#996b27	#b88159	#a1724f	#835939	#5d3d24	#432c1b
#ece9e2	#d9d3bf	#c8c0a9	#a39877	#7c7357	#e9c64c
#deb53b	#b1902e	#8b6f1b	#7496c6	#6381ac	#586f8f
#395479	#264065	#f5c57f	#e0b575	#d09f55	#bf8a3a
#332418	#1e1610	#000000	#1d2d42	#131f2e	

 스케치

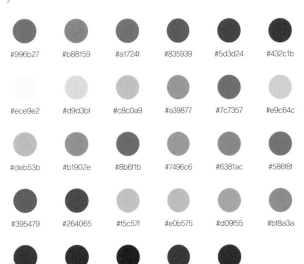

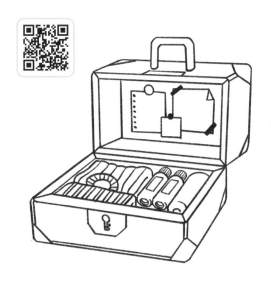

1

갈색(#a1724f)으로 뚜껑이 열려있는 여행 가방을 그려줍니다.

2

위에 새 레이어를 추가합니다. 그다음 파란색(#6381ac)으로 스웨터를 그리고, 조금 진한 파란색(#58618f)으로 스웨터에 명암을 넣어줍니다.

3

어두운 파란색(#395479)으로 스웨터의 형태를 그려줍니다.

4

더 어두운 파란색(#264065)으로 스웨터의 선을 강조합니다. 그다음 스웨터의 목 라인에는 명암도 살짝 넣어줍니다.

5

밝은 파란색(#7496c6)으로 스웨터에 뜨개질을 한 듯한 묘사를 넣어줍니다.

6

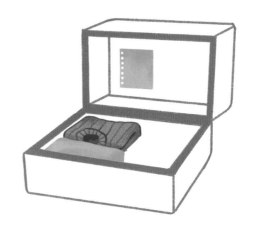

위에 새 레이어를 추가합니다. 그다음 연한 갈색(#e0b575)으로 티셔츠와 여행 가방에 붙여진 메모지를 그리고, 어두운색(#d09f55)으로 명암도 넣어줍니다.

7

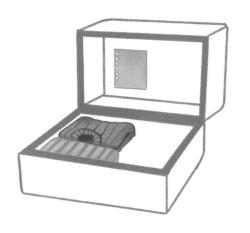

더 어두운색(#bf8a3a)으로 티셔츠와 메모지의 형태를 그리고, 티셔츠에 줄무늬를 그려줍니다.

8

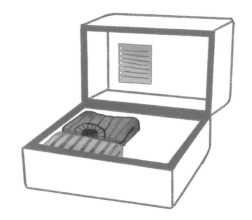

더 어두운 갈색(#996b27)으로 메모지에는 줄을 그리고, 티셔츠 줄무늬에 명암을 살짝 넣어줍니다.

9

티셔츠에 밝은색(#5c57가)으로 추가 묘사를 해주고, 메모지에는 검은색(#000000)으로 글씨를 쓴듯한 느낌으로 낙서를 해줍니다.

10

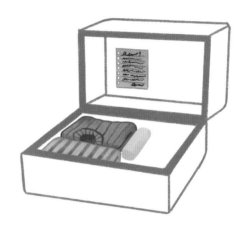

위에 새 레이어를 추가합니다. 그다음 파란 스웨터 옆에 로션 통을 그려주도록 하겠습니다. 베이지색(#d9d3bf)으로 길쭉한 원기둥을 그리고, 어두운색(#c8c0a9)으로 명암을 넣어줍니다.

11

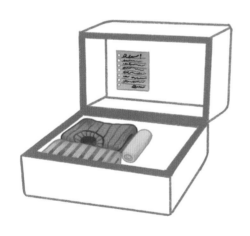

어두운색(#a39877)으로 로션 통의 형태를 그리고, 오른쪽 측면에 선으로 묘사를 넣어줍니다.

12

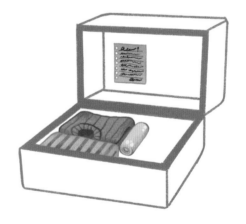

더 어두운색(#7c7357)으로 선을 강조하고, 밝은색(#ece9e2)으로 동그란 점 묘사를 넣어 로션 통의 안이 비치는 느낌을 표현합니다.

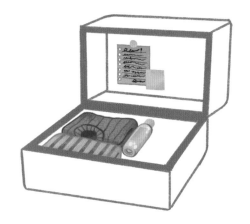

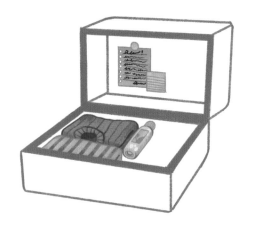

위에 새 레이어를 추가합니다. 그다음 노란색(#e9c64c)으로 로션 통의 라벨과 뚜껑을 그리고, 메모지 한 장을 추가로 그려줍니다. 기존에 있던 메모지에는 노란색 스티커를 그려줍니다. 그리고 각각 어두운 노란색(#deb53b)으로 명암도 넣어줍니다.

어두운색(#b1902e)으로 13번에서 그린 로션 통의 라벨과 뚜껑, 메모지, 스티커의 형태를 그리고 묘사를 넣어줍니다.

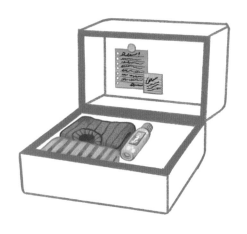

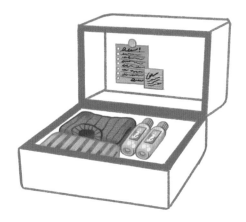

더 어두운색(#8b6f1b)으로 각각의 선을 강조합니다. 그다음 로션 통의 라벨은 밝은색(#ece9e2)으로, 메모지에는 검은색(#000000)으로 낙서하듯이 글씨를 써줍니다.

완성된 로션 통은 복사해서 옆에 나란히 배치합니다.

17

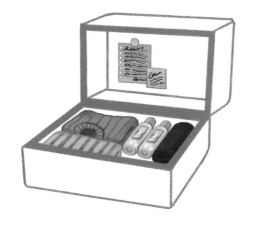

위에 새 레이어를 추가합니다. 그다음 로션 통 옆에 남색 (#1d2d42)으로 돌돌 말린 수건을 그리고, 어두운색(#131f2e)으로 수건에 명암을 넣어줍니다.

18

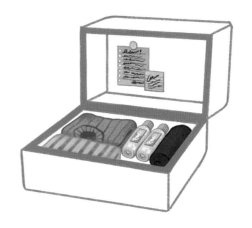

검은색(#000000)으로 수건의 형태를 그려줍니다.

19

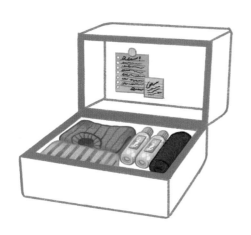

밝은 남색(#264065)으로 수건에 털 묘사를 해줍니다.

20

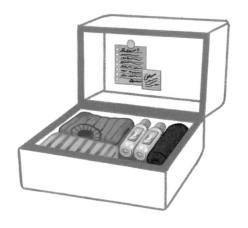

제일 밑에 새 레이어를 추가합니다. 그다음 로션 통 밑에 어두운 파란색(#395479)으로 색을 채우고, 밝은 남색(#264065)으로 명암을 넣어줍니다.

21

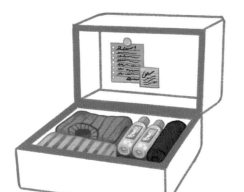

남색(#1d2d42)으로 옷이 접힌 것 같은 형태를 그려줍니다.

22

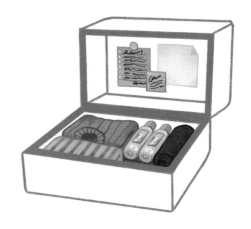

위에 새 레이어를 추가합니다. 그다음 흰색에 가까운 색 (#ece9e2)으로 여행 가방에 붙여진 종이를 그리고, 베이지색 (#d9d3bf)으로 명암을 넣은 다음 어두운색(#c8c0a9)으로 오른쪽 위가 살짝 접힌 종이의 형태도 그려줍니다.

23

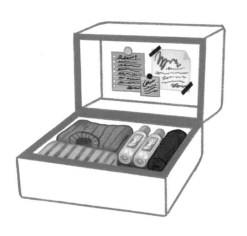

어두운색(#7c7357)으로 종이에 낙서하듯이 글씨를 써줍니다. 그다음 검은색(#000000)으로 종이에 붙여진 마스킹테이프를 그려주고, 노란색 메모지에 스티커도 그려줍니다.

24

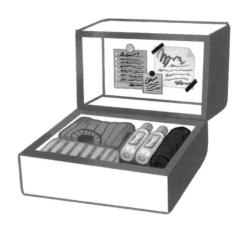

갈색(#835939)으로 여행 가방의 옆면을 칠해줍니다. 그다음 1번에서 그렸던 여행 가방의 모서리 부분은 명암을 넣어줍니다.

25

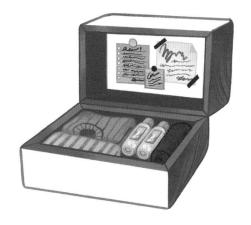

어두운 갈색(#5d3d24)으로 가방 옆면에 명암을 넣고, 나뭇결 무늬를 그려줍니다. 그다음 가방의 안쪽도 칠해줍니다.

TIP 이 가방은 나무로 만든 여행 가방이에요.

26

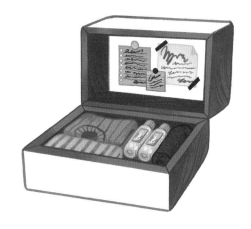

고동색(#432c1b)으로 가방 안쪽에 명암을 넣고, 나뭇결 무늬를 그려줍니다.

27

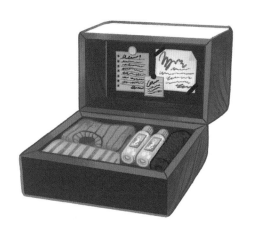

더 어두운색(#332418)으로 가방 안쪽 벽면과 앞쪽 옆면을 칠해줍니다.

TIP 1번에서 제일 처음에 나무 가방 형태를 그렸던 선은 남겨주세요.

28

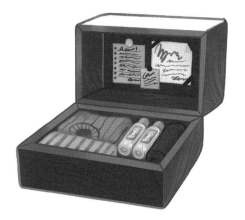

27번보다 더 어두운색(#1e1610)으로 가방 안쪽과 앞쪽 옆면에 명암을 넣고, 나뭇결 무늬를 그려줍니다.

29

갈색(#835939)으로 가방이 꺾이는 부분마다 칠해줍니다.

30

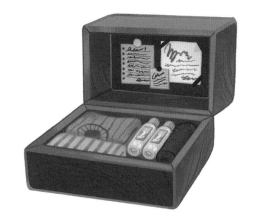

밝은 갈색(#b88159)으로 가방 제일 윗면을 칠해줍니다. 그다음 가방이 열리는 부분의 윗면에는 같은 색으로 나뭇결 무늬를 그려줍니다.

31

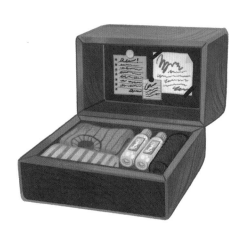

30번보다 조금 어두운 갈색(#a17241)으로 가방 제일 윗면에 명암을 넣고, 나뭇결 무늬를 그려줍니다.

32

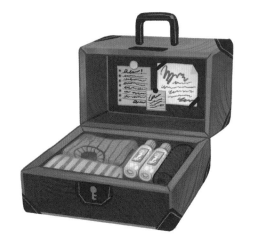

검은색(#000000)으로 나무 가방의 금속 부분을 그려줍니다. 그다음 황금색(#8b6f1b)으로 디테일을 추가하면, 여행 가방 완성입니다.

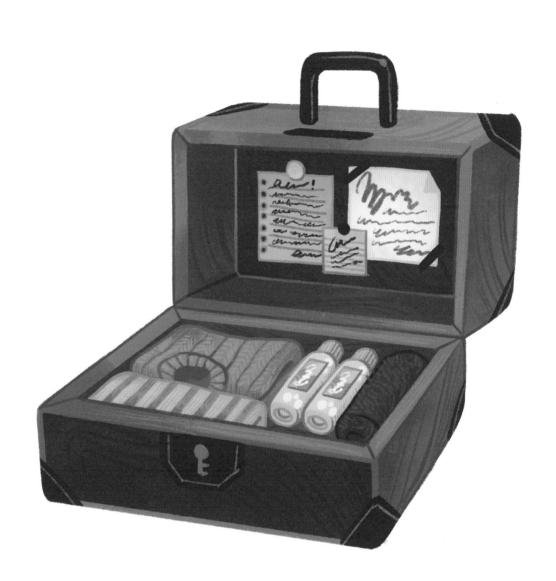

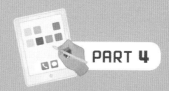

PART 4

아이패드로 나만의
사진과 영상 간직하기

01 | 나의 일상을 사진으로 담아보기

나의 일상을 다이어리 속에 글로 기록하는 것도 좋지만, 사진으로 담으면 머릿속에 더 자세하게 그날의 추억을 저장할 수 있어요. 지금부터 그때의 소중한 순간을 사진으로 남기고, 내가 경험했던 분위기와 색감 등을 살려 보정을 하는 방법을 알려드릴게요.

그날의 날씨가 좋아서 기분이 좋은 날,

그 기분을 간직하고 싶을 때는 하늘 사진을 찍으면 좋습니다.

tip 하늘만 단독으로 찍는 것도 좋지만, 주변 풍경과 함께 담으면 더 아름다워요.

tip 하늘과 주변 풍경의 비율을 1 : 1로 맞추거나, 하늘의 면적을 주변 풍경보다 더 넓게
해주면 시원한 느낌을 줄 수 있어요.

+ 하늘을 강조하기 위해 사진은 세로로 찍어주세요.

tip 사진을 찍을 때 수평을 맞춰주면, 정갈하고 안정적인 느낌을 줘요.

+ IOS 기준으로 핸드폰 [설정] > [카메라]에 들어가 [격자]를 설정해주면, 핸드폰으로
사진을 찍을 때 안내선이 나타나 쉽게 수평에 맞춰 사진을 찍을 수 있어요.

여행을 떠났을 때는 그곳의 건물이나 익숙한 듯 낯선 장소를
사진 속에 담아보는 것도 좋습니다.

tip 풍경 사진을 찍을 때는 화질 저하가 발생하는 밤보다는 낮에 찍는 것을 추천드려요.
같은 카메라를 사용해도 훨씬 좋은 화질의 사진을 찍을 수 있어요.

tip 주변 건물과 함께 풍경을 담고 싶다면, 하늘을 찍을 때와는 다르게 단조로움을 피하
기 위해 수평이 아닌 대각선으로 사진을 찍어주세요.

특별한 곳을 가지 않아도 내가 먹었던 음식,

우연히 들렸던 가게의 작은 소품들을 사진에 담아 특별하게 만들 수 있습니다.

tip 어떤 한 부분을 강조하고 싶을 때 중요한 것은 충분한 여백을 주는 것이에요. 사진에 빼곡히 많은 것을 담기보다는 중요한 것을 제외한 나머지는 과감하게 빼주세요.

+ 여백이 있는 사진을 찍을 때는 1 : 1 비율보다는 4 : 3 또는 16 : 9 등 가로나 세로가 더 긴 비율이 더 좋아요.

tip 풍경 사진을 찍을 때와 마찬가지로 대각선 구도를 활용하면 단순한 소품을 찍더라도 조금 더 세련된 느낌을 줄 수 있어요.

소중한 사람들과 함께 먹는 맛있는 음식,

특별한 곳을 가지 않아도 행복한 순간입니다.

tip 음식 사진은 다른 사진을 찍을 때와는 다르게 한 화면에 빼곡히 담으면 먹음직스러워 보여요.

tip 다양한 음식 중에 주인공 하나를 정하고, 그 음식을 중심으로 나머지는 과감히 잘라 주세요.

\+ 화면 가득히 대상을 담을 때는 어떤 비율을 사용해도 좋아요.

tip 음식 사진을 찍을 때 아이폰과 아이패드의 [인물 사진] 모드를 활용하면, 음식이 더욱 돋보이는 사진을 찍을 수 있어요.

02 │ 기본 기능으로 간단하게 사진 편집하기

다양한 기능이 많은 사진 보정 앱을 사용해서 내 사진을 편집할 수도 있지만, 사진의 크기를 수정하거나 각도를 조정하는 등의 간단한 기능만 사용할 것이라면 기본 기능만으로도 충분히 사진을 편집할 수 있어요. 간단한 편집이지만 제법 괜찮은 사진이 된답니다.

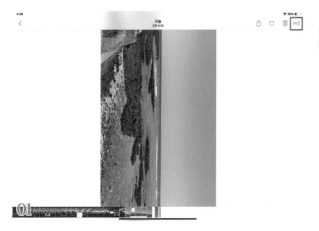

기본 사진 앱으로 들어갑니다. 그다음 편집하고 싶은 사진을 선택한 뒤, 오른쪽 상단의 [편집]을 눌러줍니다.

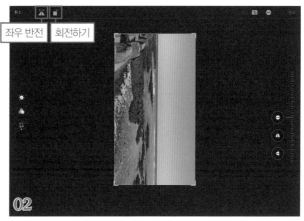

편집 화면으로 바뀌면 사진을 편집합니다. 왼쪽 상단의 기능은 순서대로 사진 [좌우 반전]과 [회전하기]입니다. 사진이 돌아갔기 때문에 왼쪽 상단의 [회전하기] 기능을 이용해 올바른 방향으로 사진을 수정합니다.

지금 이대로도 좋지만 SNS에 올리기 좋도록 세로가 긴 비율로 수정해보겠습니다. 왼쪽 측면 세 번째에 위치한 아이콘으로 사진의 크기를 자유자재로 수정할 수 있지만, 정확한 비율로 사진을 자르기 위해서는 오른쪽 상단 첫 번째에 위치한 아이콘을 사용하는 것이 좋습니다.

아이콘을 누르면 원하는 비율로 사진을 자를 수 있습니다. SNS에 사진을 올릴 때는 1:1 또는 3:4의 비율이 좋습니다.

왼쪽 측면 첫 번째 [조절] 아이콘을 누르면 사진 보정을 할 수 있습니다. 사진 보정을 전문으로 하는 앱보다 세세한 보정을 할 수는 없지만 별도로 앱을 다운로드하지 않고 간단하게 보정할 수 있어서 좋습니다.

하나하나 조절하기 다소 번거롭다면, 왼쪽 측면 두 번째 [필터] 아이콘을 누르고 여러분이 원하는 보정 스타일을 선택해서 간편하게 사진을 보정할 수 있습니다.

TIP 뒤로가기 버튼이 없기 때문에 보정한 것이 마음에 들지 않는다면, 조절했던 값을 '0'으로 맞추거나 [취소]를 누르면 돼요.

카메라로 내가 간직하고 싶은 순간들을 열심히 담아봤지만, 사진의 결과물이 그 순간 내가 느꼈던 감정과 그날의 분위기를 그대로 담아내지 못해 아쉬웠던 적이 있었을 거예요. 그럴 땐 사진을 찍은 뒤, 그날의 감정과 분위기에 맞게 사진을 보정하는 것도 좋습니다. 이번에는 전문적인 사진 보정 앱을 사용해서 섬세하게 사진을 보정해볼게요. 다양한 사진 보정 앱이 있지만, 저는 '스냅시드(Snapseed)'를 사용해볼 거예요. 스냅시드는 구글에서 개발한 전문적인 사진 편집 앱으로 무료 중에서 가장 심플하고 초보자도 활용하기 좋아요. 그럼 지금부터 사진 보정을 시작해볼까요?

• 스냅시드에 보정할 사진 불러오기

01

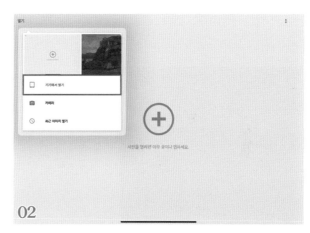

02

스냅시드 앱을 실행합니다. 화면의 아무 곳이나 탭 하여 보정하고 싶은 사진을 불러오도록 하겠습니다.

[기기에서 열기]를 누르면 사진첩에 있는 사진을 불러올 수 있고, [카메라]를 누르면 즉석에서 찍은 사진을 보정할 수 있습니다. [기기에서 열기]를 누른 뒤, 사진첩에 있는 사진에서 보정하고 싶은 사진을 눌러줍니다.

03

04

그럼 불러온 사진이 화면에 크게 뜹니다. 사진을 보정하는 방법은 크게 두 가지입니다. 첫 번째는 오른쪽 측면의 ①번 [무지개 아이콘]으로 간단하게 보정하는 것이고, 두 번째는 오른쪽 측면의 ②번 [연필 아이콘]으로 사진을 세세하게 보정하는 것입니다.

[무지개 아이콘]을 클릭하면 다양한 보정 프리셋이 있습니다. 간단하게 보정을 하고 싶다면, 여러 가지 보정 프리셋 중에 여러분의 마음에 드는 것을 선택하면 됩니다.

• 기본 보정

05

06

[연필 아이콘]을 클릭하면 사진을 세세하게 보정할 수 있습니다. [연필 아이콘]에는 다양한 보정 옵션이 있는데, 모든 옵션을 사용하기보다는 자주 사용하는 기능 위주로 알아보겠습니다.

TIP 유용한 기능 위주로 사용할 것이지만, 옵션을 하나하나 눌러보고 사진에 어떤 효과를 주는지 알아두는 것도 좋아요.

[연필 아이콘] 〉 [기본 보정]을 선택합니다. [기본 보정]은 말그대로 가장 기본적인 보정을 할 수 있는 기능입니다. [조정]을 누르고, 원하는 효과를 선택해 보정을 하면 됩니다.

TIP [기본 보정]에서 [밝기], [대비], [채도], [분위기], [하이라이트], [음영], [따뜻함]을 조정할 수 있어요.

TIP 원하는 효과를 선택하고, 화면을 오른쪽으로 드래그하면 효과가 [+]되고, 반대로 화면을 왼쪽으로 드래그하면 효과가 [−]돼요.

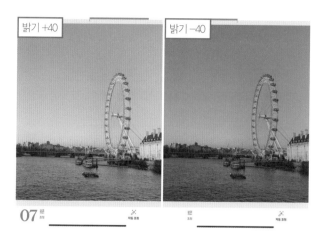

[밝기]는 사진의 전체적인 밝기를 조정할 수 있습니다. [+] 쪽으로 갈수록 사진이 전체적으로 밝아지고, [−] 쪽으로 갈수록 사진이 전체적으로 어두워집니다.

[대비]는 사진의 어두운 부분과 밝은 부분의 대비를 조정할 수 있습니다. [+] 쪽으로 갈수록 사진의 대비가 뚜렷해지고, [−] 쪽으로 갈수록 사진의 대비가 흐릿해집니다.

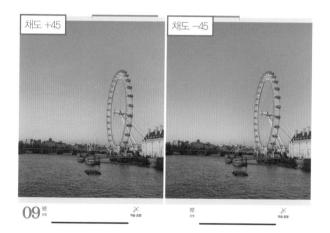

[채도]는 사진의 색을 진하게 또는 연하게 하는 선명도를 조정할 수 있습니다. [+] 쪽으로 갈수록 채도가 높아지고, [−] 쪽으로 갈수록 채도가 낮아집니다.

[분위기]는 스냅시드에만 있는 보정 효과입니다. 말 그대로 사진의 분위기를 조정할 수 있습니다. [+] 쪽으로 갈수록 사진에 분위기가 있어지고, [−] 쪽으로 갈수록 분위기가 줄어듭니다.

TIP 다른 보정 효과를 사용하지 않고, [분위기] 효과만 사진에 줘도 굉장히 느낌 있는 사진이 돼요.

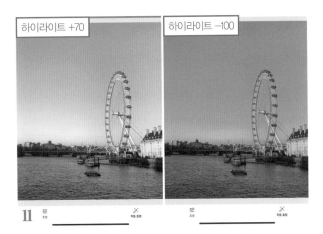

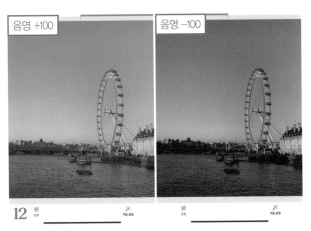

[하이라이트]는 사진의 밝은 부분을 조정할 수 있습니다. [+] 쪽으로 갈수록 밝은 부분이 더 밝아지고, [−] 쪽으로 갈수록 밝은 부분이 어둡게 보정됩니다.

[음영]은 [하이라이트]와 반대로 사진의 어두운 부분을 조정할 수 있습니다. [+] 쪽으로 갈수록 어두운 부분이 밝아지고, [−] 쪽으로 갈수록 어두운 부분이 더 어둡게 보정됩니다.

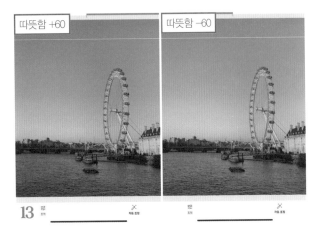

• 드라마 효과

[따뜻함]은 사진이 풍기는 전체적인 온도를 조정할 수 있습니다. [+] 쪽으로 갈수록 노란빛이 강조되 전체적으로 따뜻함이 느껴지는 사진이 되고, [−] 쪽으로 갈수록 파란빛이 강조되 전체적으로 더 차가운 느낌의 사진이 됩니다.

이번에는 [연필 아이콘] 〉 [드라마] 효과를 선택합니다. [드라마] 효과는 [사전설정]을 눌러 이미 저장되어 있는 보정 프리셋 중에 고르거나, [조정]을 눌러 효과를 세세하게 조정할 수 있습니다.

15

[드라마] 효과 [조정]에서는 [필터 강도]와 [채도]를 조정할 수 있습니다. [필터 강도] 효과는 [+] 쪽으로 갈수록 사진이 바랜 듯한 느낌이 되고, [-] 쪽으로 갈수록 효과가 없어집니다.

16

이번에는 [연필 아이콘] 〉 [거친 필름] 효과를 선택합니다. [거친 필름] 효과도 [스타일]을 눌러 이미 저장되어 있는 보정 프리셋 중에 고르거나, [조정]을 눌러 효과를 세세하게 조정할 수 있습니다.

• 아웃포커스 효과

17

[거친 필름] 효과 [조정]에서는 [입자]와 [스타일 강도]를 조정할 수 있습니다. [입자]는 [+] 쪽으로 갈수록 입자가 굵어져 사진의 화질이 거칠게 보정됩니다. [스타일 강도]는 [+] 쪽으로 갈수록 사진의 채도와 밝기가 올라갑니다. 두 기능 모두 [-] 쪽으로 갈수록 효과는 없어집니다.

TIP [거친 필름] 효과를 잘 활용하면 빈티지한 분위기를 연출할 수 있어요.

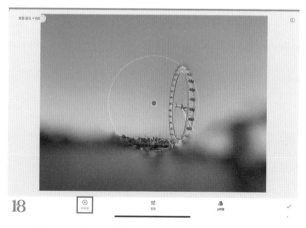

18

이번에는 [연필 아이콘] 〉 [아웃포커스] 효과를 선택합니다. [아웃포커스] 효과는 사진의 가운데를 중심으로 주변을 뿌옇게 만들어주는 효과입니다. 하단의 첫 번째 아이콘을 눌러 아웃포커스 모양을 [타원형]으로 할지 [선형]으로 할지 고를 수 있습니다.

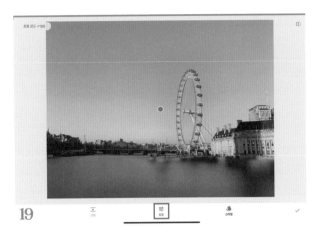

[아웃포커스] 효과에서 [조정]을 누르면 [흐림 강도], [전환], [비네트 강도]를 조정할 수 있습니다. [흐림 강도] 효과는 [+] 쪽으로 갈수록 사진의 흐림 정도가 강해지고, 반대로 [−] 쪽으로 가면 효과가 없어집니다.

[전환] 효과는 가장자리로 갈수록 점점 사진이 뿌예지는 정도를 조정할 수 있습니다.

[전환] 효과에서 [+] 쪽으로 갈수록 중심에서부터 가장자리까지 뿌예지는 정도가 자연스럽게 그러데이션이 되고, [−] 쪽으로 갈수록 중심에서부터 가장자리까지 뿌예지는 정도가 비슷해집니다.

[비네트 강도] 효과에서는 [+] 쪽으로 갈수록 사진의 네 가장자리가 어두워지고, [−] 쪽으로 갈수록 효과가 없어집니다.

• 노을을 강조하기 위해, 따뜻하고 빈티지한 느낌으로 보정하기

보정 전

보정 후

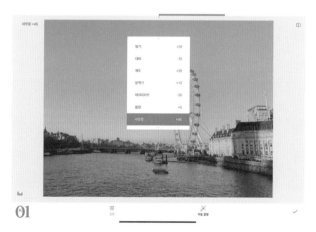

01

[기본 보정]에서 [밝기 +50], [대비 −70], [채도 +30], [분위기 +15], [하이라이트 −50], [음영 +5], [따뜻함 +45]로 설정합니다.

TIP 사진에 전체적으로 부드러운 느낌을 주고 싶다면 [대비]를 약하게 해주세요.

TIP 사진에 화사한 느낌을 주고 싶다면 [밝기]를 높여주세요.

TIP 사진에 따뜻한 느낌을 주고 싶다면 [따뜻함]을 높여주세요.

02

[거친 필름]에서 [입자 +25], [스타일 강도 +80]으로 설정합니다.

TIP [입자]를 높여주면 사진의 화질이 거칠어지면서 빈티지한 분위기를 연출할 수 있어요.

TIP [스타일 강도]를 높여주면 사진이 전체적으로 화사한 느낌이 들어요.

TIP 사진에 빈티지한 느낌을 주고 싶다면 이 두 가지 효과를 적절하게 섞어 사용해주세요.

보정 전   보정 후

01

02

[기본 보정]에서 [밝기 −40], [대비 −60], [채도 −5], [분위기 −50], [하이라이트 −65], [음영 +30], [따뜻함 −34]로 설정합니다.

TIP 사진에 전체적으로 부드러운 느낌을 주고 싶다면 [대비]를 약하게 해주세요.

TIP 사진에 어둑한 느낌을 주고 싶다면 [밝기]와 [하이라이트]를 약하게 해주세요.

TIP 해가 떠오르기 전 어둑한 느낌을 연출하기 위해 [음영]을 높이고 [따뜻함]을 약하게 해주세요.

[화이트 밸런스]에서 [색 온도 −20], [틴트 +15]로 설정합니다.

TIP [색 온도]는 [기본 보정]에서 [따뜻함]과 비슷한 효과예요. 조금 더 자연스럽게 사진의 전체적인 온도를 조절할 수 있어요.

TIP [틴트]는 사진에 다른 색상을 넣어주는 거예요. 과하게 사용하면 사진의 색감이 부자연스러워지기 때문에 잘 조절해서 사용해주세요.

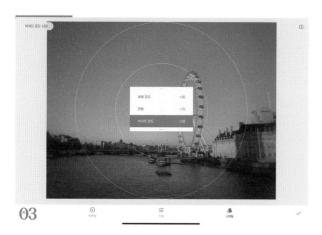

03

[아웃포커스]에서 [흐림 강도 +30], [전환 +70], [비네트 강도 +20]으로 설정합니다.

TIP 적절한 [아웃포커스] 효과는 사진의 분위기를 살려줘요.

TIP [비네트 강도] 효과는 많이 높이면 사진의 네 가장자리가 너무 어두워지기 때문에 잘 조절해서 사용해주세요.

• 청량한 여름 느낌으로 보정하기

보정 전

보정 후

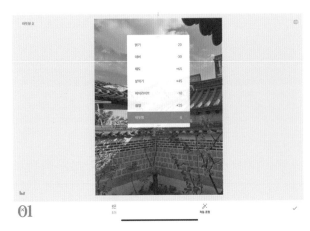

01

[기본 보정]에서 [밝기 −20], [대비 −30], [채도 +65], [분위기
+45], [하이라이트 −10], [음영 +25], [따뜻함 0]으로 설정합
니다.

TIP 사진에 전체적으로 부드러운 느낌을 주고 싶다면 [대비]를 약하게
　　　해주세요.

TIP 사진에 쨍한 색감을 주기 위해 [채도]와 [분위기]를 높여주세요.

TIP 사진에서 그림자가 진 부분을 어둡게 하면 햇볕이 더 강한 느낌을 주
　　　기 때문에, [음영]을 높이고 [밝기]를 약하게 해주세요.

• 깊은 밤 빛이 있는 풍경으로 보정하기

보정 전

보정 후

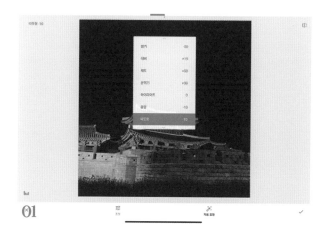

01

[기본 보정]에서 [밝기 −50], [대비 +19], [채도 +50], [분위기 +30], [하이라이트 0], [음영 −10], [따뜻함 −10]으로 설정합니다.

TIP 밤에 찍은 사진은 밝은 부분은 밝게, 어두운 부분은 어둡게 보정하는 것이 좋기 때문에 [대비]를 높여주세요.

TIP 어둠 속 빛을 강하게 보여주기 위해 [채도]와 [분위기]를 높여주세요.

보정 전   보정 후

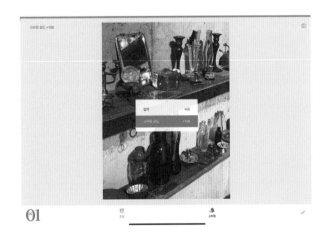

01

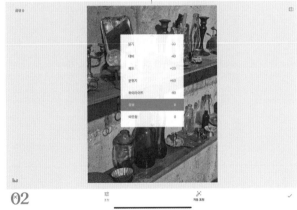

02

[거친 필름]에서 [입자 +60], [스타일 강도 +100]으로 설정합니다.

TIP [입자]를 높여주면 사진의 화질이 거칠어지면서 빈티지한 느낌을 연출할 수 있어요.

TIP [스타일 강도]를 높여주면 사진이 전체적으로 화사한 느낌이 들어요.

TIP 사진에 빈티지한 느낌을 주고 싶다면 이 두 가지 효과를 적절하게 섞어 사용해주세요.

[기본 보정]에서 [밝기 −30], [대비 −40], [채도 +20], [분위기 +60], [하이라이트 −80], [음영 0], [따뜻함 0]으로 설정합니다.

TIP 사진에 전체적으로 부드러운 느낌을 주고 싶다면 [대비]를 약하게 해주세요.

TIP 사진에 쨍한 색감을 주기 위해 [채도]와 [분위기]를 높여주세요.

TIP 사진에 빈티지한 느낌을 줄 때는 너무 밝은 것보다 약간의 어둑한 느낌이 좋기 때문에 [밝기]와 [하이라이트]를 약하게 해주세요.

• 뜨거운 해가 느껴지는 여름 바다 보정하기

보정 전

보정 후

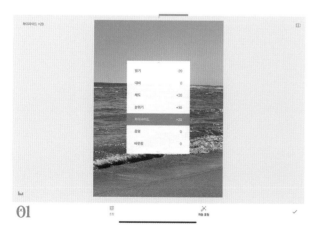

01

02

[기본 보정]에서 [밝기 −20], [대비 0], [채도 +20], [분위기 +30], [하이라이트 +20], [음영 0], [따뜻함 0]으로 설정합니다.

TIP 여름의 쨍한 색감을 주기 위해 [채도]와 [분위기]를 높여주세요.

TIP 밝은 부분을 더 밝게 하기 위해 [하이라이트]를 높여주세요.

[선명도]에서 [구조 +50], [선명하게 +5]로 설정합니다.

TIP 바다에 반짝이는 윤슬이 더욱 돋보이도록 [구조]와 [선명하게]를 높여주세요.

TIP 바다 사진을 보정할 때 [선명도] 효과를 사용하면 바다가 반짝이는 느낌을 더 살릴 수 있어요.

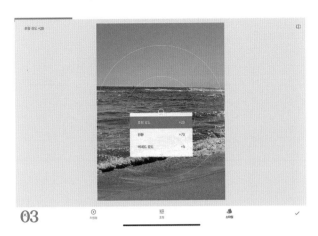

03 [아웃포커스]에서 [흐림 강도 +20], [전환 +70], [비네트 강도 +5]로 설정합니다.

TIP 적절한 [아웃포커스] 효과는 사진의 분위기를 살려줘요.

• 음식을 더욱 먹음직스럽게 보정하기

보정 전

보정 후

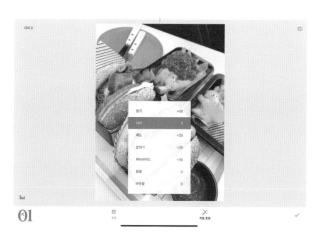

01

02

[기본 보정]에서 [밝기 +30], [대비 0], [채도 +25], [분위기 +35], [하이라이트 +30], [음영 0], [따뜻함 0]으로 설정합니다.

TIP 알록달록한 음식의 색감을 살려주기 위해 [채도]와 [분위기]를 높여 주세요.

TIP 밝은 부분을 더 밝게 하기 위해 [밝기]와 [하이라이트]를 높여주세요.

[선명도]에서 [구조 +45], [선명하게 +50]으로 설정합니다.

TIP 사진의 화질이 좋을수록 음식이 맛있어 보이기 때문에 [구조]와 [선 명하게]를 높여주세요.

03

[아웃포커스]에서 [흐림 강도 +15]로 설정합니다.

TIP 적절한 [아웃포커스] 효과는 사진의 분위기를 살려줘요.

TIP 음식 사진에 [아웃포커스] 효과를 주면 [인물 모드]로 음식 사진을
찍은 것과 비슷한 느낌을 줘요.

04 | 나의 일상을 영상으로 담아보기

때론 나의 일상을 영상으로 담고 싶을 때가 있을 거예요. 그날 그 순간에 친구와 나누었던 이야기, 음악, 소리 등을 추억으로 간직하고 싶을 때 그냥 단순한 영상으로 기록하는 것도 좋지만, 브이로그 영상으로 편집해보는 것도 좋아요. 이번에는 여러분이 찍은 영상을 브이로그로 편집하는 것을 배워보도록 할게요. 영상을 편집하는 앱은 '블로(VLLO)'를 사용해볼 거예요. 다양한 영상 편집 앱이 있지만, 블로가 브이로그 편집에 최적화되어 있어서 활용도가 높아요. 그럼 지금부터 영상 편집을 시작해볼까요?

• 블로에 편집할 영상 불러오기

블로 앱을 실행합니다. 화면 가운데 [비디오 / GIF 만들기]를 클릭하여 편집하고 싶은 영상을 불러오도록 하겠습니다.

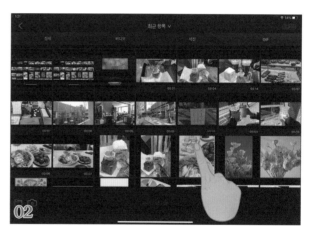

상단의 카테고리 중에서 [비디오], [사진], [GIF]를 클릭하면 동일한 형식의 파일만 모아볼 수 있습니다. 영상을 불러오기 전 미리 보기를 하고 싶은 영상을 꾹 눌러줍니다.

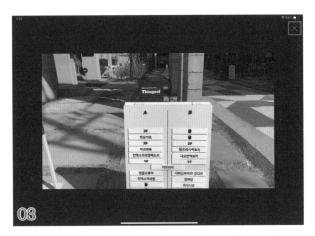

03

그럼 동영상이 재생되며 영상을 미리 볼 수 있습니다. 영상을 다 보았다면 오른쪽 상단의 [X]를 눌러줍니다.

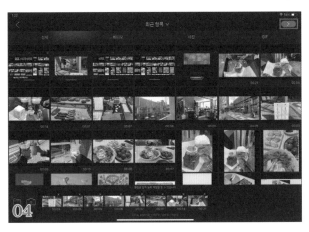

04

편집하고 싶은 영상을 여러 개 선택합니다. 나중에 순서를 바꿀 수 있으니 영상의 순서는 크게 신경 쓰지 않아도 됩니다. 다 선택했다면 오른쪽 상단의 [▶] 아이콘을 눌러줍니다.

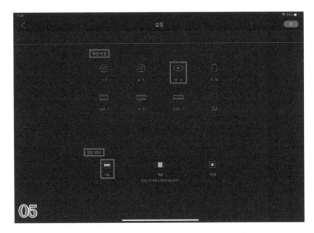

05

영상의 [화면 비율]과 [영상 배치]를 설정할 수 있습니다. SNS에 올리기에는 1 : 1과 4 : 5 비율이 좋고, 일반적인 영상의 비율은 16 : 9입니다. 그리고 가로로 긴 영상을 만든다면 [영상 배치]를 [끼움]으로, 세로로 긴 영상을 만든다면 [채움]으로 선택하는 것이 좋습니다. 책에서는 [화면 비율]은 16 : 9, [영상 배치]는 [끼움]을 선택하였습니다. 그다음 오른쪽 상단의 [▶] 아이콘을 눌러줍니다.

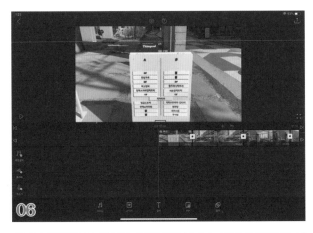

06

이제 본격적으로 영상을 편집하겠습니다. 가운데 빨간색 선을 '플레이 헤드'라고 부릅니다. 플레이 헤드가 있는 곳이 현재 영상이 재생되는 위치입니다.

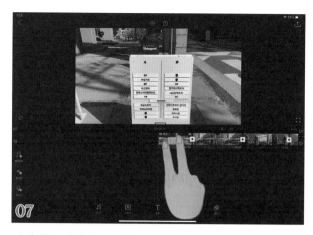

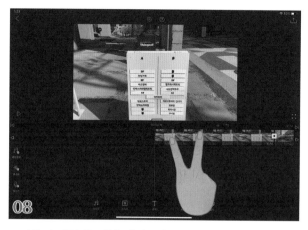

편집하는 영상의 구간을 자세하게 보고 싶을 때는 손가락 두 개를 영상 위에 올립니다.

그다음 손가락 두 개를 벌려주면 구간이 확대됩니다. 반대로 줄이고 싶을 때는 손가락 두 개를 영상 위에 올리고 좁혀주면 됩니다. 이때 영상 길이에는 변화가 없습니다.

• 영상에 배경음악 넣기

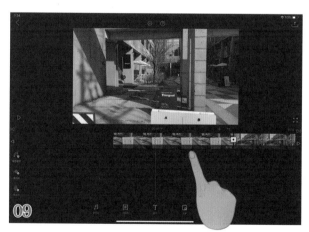

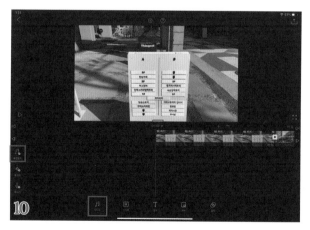

현재 재생하는 시점을 바꾸고 싶을 때는 손가락 한 개를 화면에 올리고, 좌우로 움직여 재생을 원하는 구간에 플레이 헤드를 위치시키면 됩니다.

이번에는 영상에 배경음악을 넣어주도록 하겠습니다. 하단의 [오디오]를 누르고, 왼쪽의 [배경음악]을 누릅니다.

TIP 플레이 헤드를 기준으로 효과가 추가되기 때문에, 배경음악을 넣고 싶은 구간에 플레이 헤드를 놓아주세요.

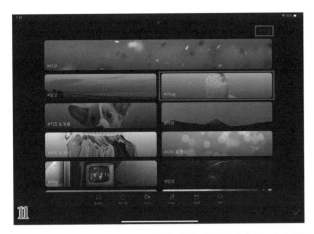

블로 앱이 지원하는 다양한 테마의 배경음악이 있습니다. 원하는 테마를 눌러 배경음악을 선택합니다. 저는 무난하게 [#Vlog]를 선택했습니다.

TIP 오른쪽 상단에 [저작권]을 보면 블로 앱에 있는 배경음악은 블로 앱으로 만든 영상에서만 사용이 가능하니 참고해주세요.

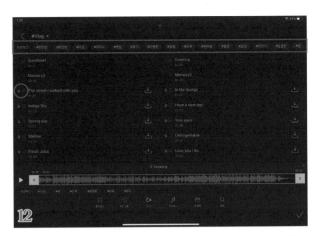

다양한 배경음악이 있습니다. [추천태그]를 추가해 내가 원하는 분위기의 음악을 찾을 수 있습니다.

TIP [♡] 아이콘을 눌러 마음에 드는 음악을 즐겨찾기 할 수 있어요.

TIP 음악 제목 왼쪽에 있는 [자물쇠]는 유료를 뜻하기 때문에 무료를 원한다면 자물쇠 표시가 없는 것 위주로 선택해주세요.

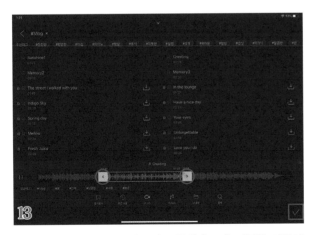

배경음악을 재생한 뒤 양쪽의 초록색 [◀ ▶] 버튼을 이용해 그 배경음악의 원하는 구간만 선택할 수 있습니다. 원하는 배경음악을 찾아 구간을 선택했다면 오른쪽 하단의 [✓] 아이콘을 눌러줍니다.

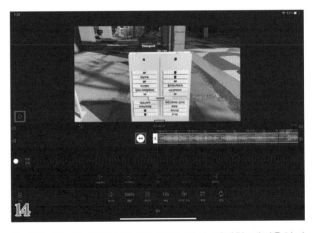

플레이 헤드를 기준으로 오른쪽에 내가 선택한 배경음악이 배치됩니다. 재생 버튼을 눌러 배경음악이 적절한 위치에 배치됐는지 확인합니다.

TIP 위치를 수정하고 싶다면 [↔] 아이콘을 움직여 바꿔주세요.

TIP 어떤 효과를 추가하고 플레이 헤드에 닿으면 자석처럼 딱 붙기 때문에 배경음악이 시작했으면 하는 영상 구간에 플레이 헤드를 먼저 위치시키고, 그다음에 배경음악의 위치를 움직여주는 것이 더 좋아요.

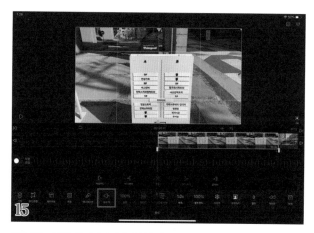

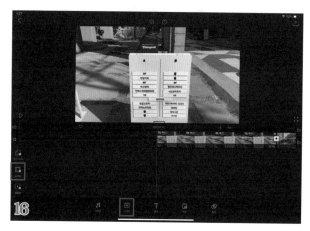

영상을 재생해보면 종종 영상 속 소리가 너무 거슬려서 배경 음악이 잘 들리지 않을 때가 있습니다. 그럴 때는 수정하고 싶은 영상을 클릭하고, 하단의 [음소거]를 눌러 영상 속 소리를 없애줍니다.

이번에는 단조로운 영상에 프레임을 넣어주도록 하겠습니다. 하단의 두 번째에 위치한 [스티커]를 누르고, 왼쪽에 [프레임]을 누릅니다.

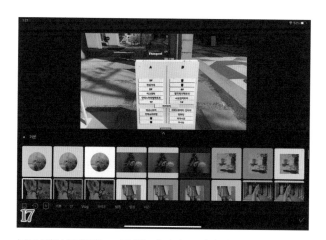

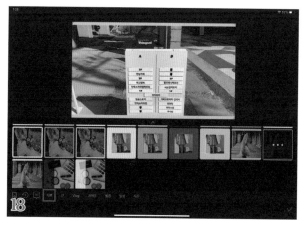

블로 앱이 지원하는 다양한 테마의 프레임이 있습니다.

저는 심플하게 [기본]에 있는 프레임을 선택했습니다. 동일한 프레임을 여러 번 누르면 다양한 영상 길이에 맞게 프레임이 자동으로 설정됩니다. 프레임은 화면에 꽉 차도록 해줍니다.

TIP 프레임의 색상은 나중에 원하는 색으로 바꿀 수 있으니 모양 위주로 골라주세요.

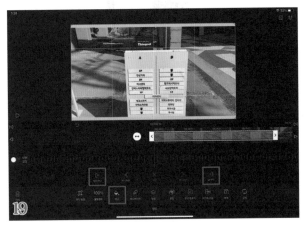

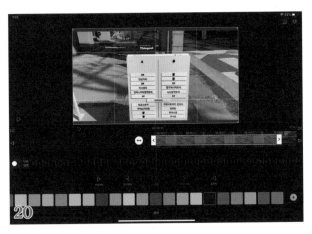

프레임도 플레이 헤드를 기준으로 오른쪽에 배치됩니다. 프레임이 영상 전체에 보이도록 [처음부터] – [끝까지]를 눌러줍니다. 그다음 하단의 [색상]을 누르면 프레임의 색상을 변경할 수 있습니다.

여러분이 원하는 색으로 프레임의 색상을 바꿔줍니다.

• 영상에 제목 넣기

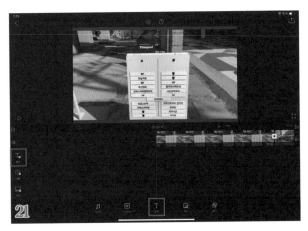

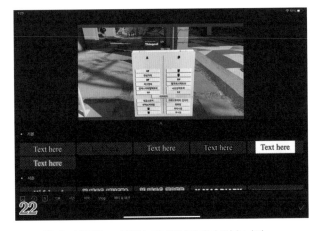

이번에는 영상 오프닝에 등장하는 제목을 넣어주도록 하겠습니다. 하단의 [글자]를 누르고, 왼쪽에서도 [글자]를 누릅니다.

블로 앱이 지원하는 다양한 테마의 글자가 있습니다.

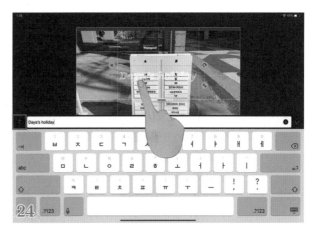

저는 [Vlog]의 [Happy Things] 글자를 선택했습니다. 그럼 영상 위에 내가 선택한 글자가 나타납니다.

[□]은 글자의 크기를, [◎]은 글자의 기울기를 조절합니다. 또한 글자 가운데를 한 번 클릭하면 글자의 위치를 바꿀 수 있고, 더블 클릭하면 글자를 입력할 수 있습니다.

TIP 글자의 정렬을 바꾸고 싶다면 글자를 입력하는 곳의 왼쪽에 [정렬] 아이콘을 눌러주세요.

• 오프닝 프레임 넣기

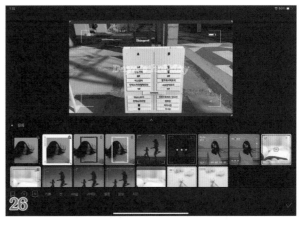

글자도 배경음악과 마찬가지로 [↔]를 움직여 위치를 바꿀 수 있고, 양쪽에 [◁▷] 버튼을 이용해 글자가 등장하는 영상의 길이를 조절할 수 있습니다. 글자를 넣고 싶은 영상 구간에 위치시켜줍니다.

이번에는 오프닝을 알릴 수 있는 프레임을 넣어보도록 하겠습니다. [스티커] 〉[프레임]을 누르고, 화면이 녹화되고 있는 느낌의 프레임을 선택합니다.

26번에서 넣은 프레임은 영상의 오프닝 느낌을 주기 위해, 첫 번째 영상의 길이만큼만 넣어줍니다.

TIP 중간중간 효과가 잘 배치되었는지 영상을 재생해서 확인해주세요.

이번에는 영상 중간에 화면이 잠시 멈추는 기능을 알아보도록 하겠습니다. 화면을 멈추고 싶은 구간에 플레이 헤드를 놓아줍니다.

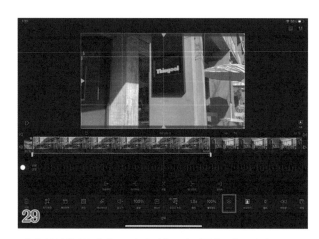

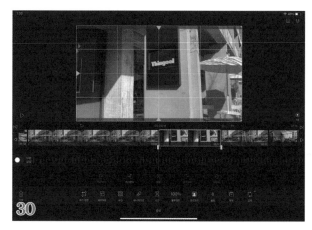

해당 영상을 클릭하고, 하단의 [프리즈]를 눌러줍니다.

[프리즈]를 누르면 사진처럼 움직임이 없는 장면이 플레이 헤드를 기준으로 오른쪽에 추가됩니다. 추가된 장면은 영상처럼 자유롭게 길이를 조절할 수 있습니다.

TIP 움직임이 없는 장면은 어떤 정보를 알려줄 때 유용하게 사용할 수 있어요.

멈춘 장면에 장소의 이름을 넣어보도록 하겠습니다. 하단 세 번째에 위치한 [글자]를 누르고, 왼쪽에도 [글자]를 누릅니다.

[최근 사용]을 보면 24번에서 사용했던 글자 효과가 있습니다. 그 글자를 꾹 누르면 즐겨찾기에 추가됩니다. 즐겨찾기에 추가된 글자를 누르면 화면에 똑같은 위치와 크기로 글자가 나타납니다.

TIP 자주 사용하는 글자를 즐겨찾기해두고, 영상을 만들 때마다 사용하면 영상의 통일성이 올라가요.

내가 방문했던 장소의 이름을 써줍니다.

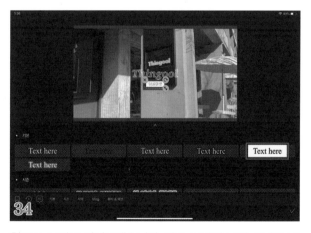

한글로 부제를 적어보겠습니다. 다른 모양의 글자 효과를 골라 장소의 이름을 한글로 써줍니다.

폰트를 바꾸고 싶다면 영상 속 글자를 선택하고, 하단의 [폰트]를 누르면 글씨체를 바꿀 수 있습니다.

TIP 하나의 영상에서는 폰트의 종류가 3가지 이상이 넘지 않는 게 좋아요.

글자의 길이를 멈춘 장면의 길이와 동일하게 맞춰 장소의 정보를 알려줍니다.

• 영상에 슬로 모션 걸기

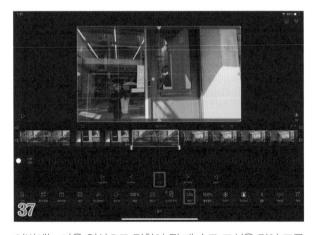

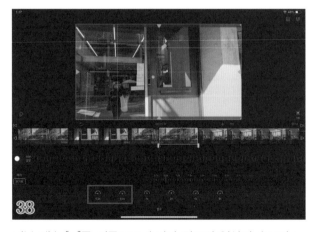

이번에는 다음 영상으로 전환이 될 때 슬로 모션을 걸어 조금 더 자연스럽게 넘어가보도록 하겠습니다. 슬로 모션이 시작될 부분에 플레이 헤드를 놓아줍니다. 그다음 [분할]을 누르고, 하단의 [배속]을 누릅니다.

기본 배속 [1x]를 기준으로 숫자가 작으면 영상의 속도가 느려지고, 숫자가 크면 속도가 빨라집니다. 자연스러운 영상 전환을 위해 [1x]보다 작은 속도를 선택합니다.

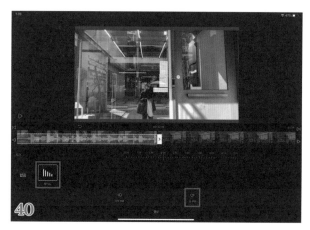

다음 영상을 편집하기 전까지만 처음에 넣었던 배경음악의 길이를 조절합니다. 그리고 다음 영상으로 전환이 되기 전에 배경음악의 음량이 자연스럽게 줄어들도록 [페이드]를 누릅니다.

슬로 모션 영상이 끝나면서 자연스럽게 음량이 줄어들 수 있도록 [끝 부분]을 선택하고, [페이드]를 누릅니다.

• 영상 속 소리를 그대로 사용하기

그다음 영상에는 배경음악 없이 영상에서 들리는 소리를 그대로 살려보도록 하겠습니다. 다만, 잡음이 클 수도 있으니 수정을 해주겠습니다. [음량]을 누릅니다.

음량을 50%로 줄여줍니다.

TIP 모든 영상에 배경음악을 넣기보다는 중간중간 영상 속 소리를 그대로 사용하는 것이 자연스럽고 좋아요.

• 영상에 자막 넣기

이번에는 영상에 자막을 넣어보도록 하겠습니다. 하단 세 번째에 위치한 [글자]를 누르고, 왼쪽의 [자막]을 누릅니다.

블로 앱이 지원하는 다양한 테마의 자막 스타일이 있습니다. [기본]에서 세 번째 자막으로 해보겠습니다.

플레이 헤드를 기준으로 오른쪽에 선택한 자막이 나타납니다. 자막의 길이를 해당 영상에 맞게 적당히 조절합니다.

[폰트]를 눌러 자막의 글씨체를 고릅니다.

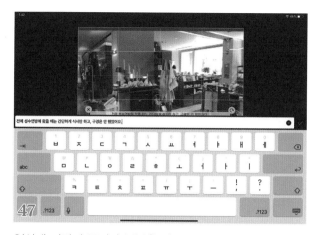

영상에 자막이 들어간 부분을 더블 클릭해서 영상에 알맞은
글을 넣어줍니다.

TIP 다른 사람에게 보여줄 용도의 브이로그라면 다른 사람에게 말하듯
이 자막을 써주고, 혼자 간직하기 위한 용도의 브이로그라면 일기 형
식으로 써주는 게 좋아요.

영상에 자막을 여러 개 넣기 위해 앞서 넣은 자막의 뒷부분에
플레이 헤드를 놓아줍니다. 그다음 [복제]를 눌러 똑같은 자
막을 복제합니다.

복제된 자막에 영상에 알맞은 내용을 넣어 수정합니다.

이런 방법으로 영상 속 상황에 맞게 자막을 추가합니다.

• 영상에 스티커 넣기

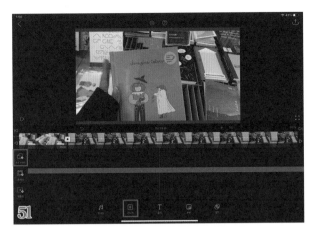

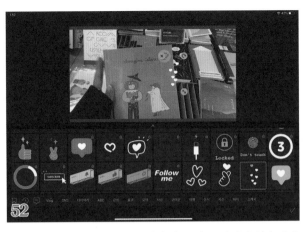

이번에는 영상에 움직이는 스티커를 넣어주도록 하겠습니다. 스티커를 넣고 싶은 부분에 플레이 헤드를 놓아줍니다. 그다음 하단 두 번째에 위치한 [스티커]를 누르고, 왼쪽의 [모션 스티커]를 누릅니다.

블로 앱이 지원하는 다양한 테마의 모션 스티거가 있습니다. 여러분이 영상에 넣고 싶은 스티커를 선택합니다.

• 영상 순서 바꾸기

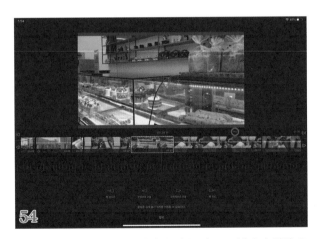

영상을 재생해보며 스티커가 영상에 어느 정도의 길이로 들어갈지 정합니다. 그리고 필요한 모션 스티커는 더 추가합니다.

만약 편집하면서 중간에 영상 순서를 바꾸고 싶다면 영상 오른쪽 하단에 [■] 아이콘을 클릭합니다.

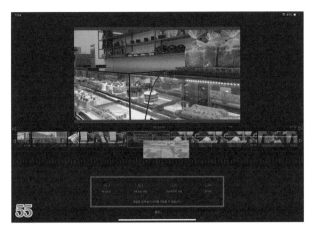

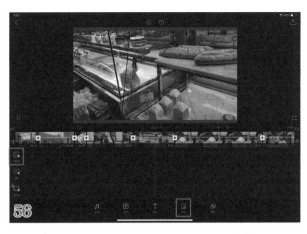

[맨 앞으로], [왼쪽으로 이동], [오른쪽으로 이동], [맨 뒤로]를 선택해서 영상의 순서를 바꿀 수 있고, 내가 선택한 영상을 꾹 눌러 원하는 위치로 이동해 놓을 수도 있습니다.

이번에는 영상 위에 이미지를 넣어 색다른 연출을 해보겠습니다. 이미지를 넣고 싶은 부분에 플레이 헤드를 놓아줍니다. 그다음 하단 네 번째에 위치한 [PIP]를 누르고, 왼쪽의 [이미지]를 누릅니다.

원하는 이미지를 선택한 후, 이미지의 크기를 적절하게 수정합니다.

그다음 이미지 위에 프레임을 추가하겠습니다. [스티커] 〉 [프레임]을 누르고, SNS의 느낌이 나는 프레임을 선택합니다.

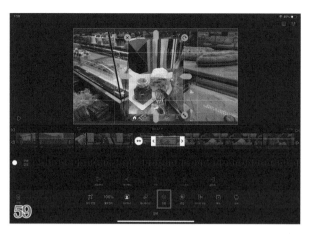

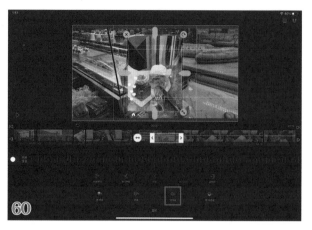

이미지에 가려 프레임이 잘 보이지 않는다면 하단의 [정렬]을
눌러 순서를 바꿉니다.

[아래로]를 눌러서 프레임이 이미지 위로 오도록 순서를 바
꿔줍니다.

• 영상 빠르게 재생하기

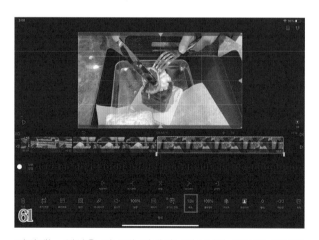

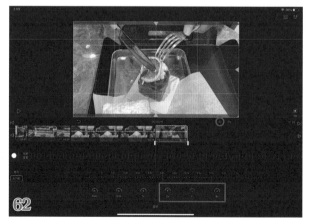

이번에는 영상을 빠르게 재생해보겠습니다. 빠르게 재생할
영상을 선택하고, 하단의 [배속]을 누릅니다.

38번에서 했던 슬로 모션 설정과 다르게 [1x]보다 숫자가 큰
속도를 선택합니다. 그리고 만약 새로운 영상을 추가하고 싶
다면, 영상 오른쪽 하단에 [+] 아이콘을 눌러줍니다.

TIP 긴 영상을 빠르게 보여주고 싶을 때는 배속을 빠르게 설정해주면 좋
아요.

그럼 맨 처음에 블로에 편집할 영상을 불러왔을 때와 비슷한 창이 뜹니다. 추가하고 싶은 영상을 선택합니다.

선택한 영상이 추가되면, 마지막에 영상을 끝내는 맺음말을 넣어주며 마무리합니다.

TIP 오프닝을 만들었던 것과 마찬가지로 마지막에도 엔딩 맺음말을 넣어주면 좋아요.

다야 작가의 브이로그
영상을 참고하세요!

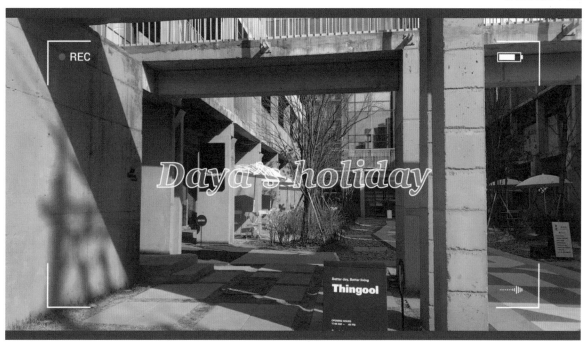

아이패드로 기록하고, 그림을 그리고, 나만의 사진과 영상 간직하기

똑똑한 아이패드 활용법

초 판 발 행 일	2021년 09월 17일
발 행 인	박영일
책 임 편 집	이해욱
저 자	윤다연
편 집 진 행	이소영
표 지 디 자 인	박수영
편 집 디 자 인	신해니
발 행 처	시대인
공 급 처	(주)시대고시기획
출 판 등 록	제 10-1521호
주 소	서울시 마포구 큰우물로 75 [도화동 538 성지 B/D] 6F
전 화	1600-3600
팩 스	02-701-8823
홈 페 이 지	www.sidaegosi.com
I S B N	979-11-383-0374-3[13000]
정 가	18,000원

시대인은 종합교육그룹 (주)시대고시기획 · 시대교육의 단행본 브랜드입니다.